遠距離介護 で自滅しない選択

太田差惠子

JN228399

日本経済新聞出版社

はじめに

　進学や就職、結婚を機に親元を離れて数十年が経過……。

　元気だと思っていた親が病気になったり、介護が必要になったり。これから、どのように支えていけばいいのだろうと不安を抱えながら本書を手にしてくださった方が多いと思います。あるいは、すでに行ったり来たりが始まっており、疲れ、途方に暮れつつ、本書を手にしてくださった方もいるかもしれません。

　「子」といっても40代、50代の中年期。なかには、後期高齢者と呼ばれる75歳を過ぎてなお、100歳前後の親を支えるために自宅と親の家を行ったり来たりする人もいます。
　「いつまで別居の継続は可能なのか」
　「高齢の親を1人にしておくのは親不孝なのでは……」
　「いつかは自分が仕事を辞めて、親元に帰らざるをえなくなるのではないか……」
　「自分だって若くない。通いがつらい」
　「『この家で死ぬ』と言うが施設に移ってほしい……」
　さまざまな思いが頭のなかを交錯していることと思います。

　私は、1993年頃から「親の介護」について取材を始め、96年には「離れて暮らす親のケアを考える会　パオッコ」を立ち上げました（2005年NPO法人化）。そして、98年に出版した初めての著書で「遠距離介護」という言葉を用い、この方法論はメディアを通して社会に広がることとなりました。同居するのではなく、離れて暮らしつつ介護を行う——。

　本書ではさまざまな立場の8人に登場していただきます。少々おこがましいですが、私が指南する形でストーリーを進めていきます。親との距離（地図上の距離、心の距離）、心身状態、性格、経済力、家族構成、

調整可能な時間など、100 人いれば 100 様のため、本書で紹介する方法が「正解」と呼べるわけではありません。しかし、全部は役立たなくても、部分的にはあなた自身の遠距離介護（中距離介護）にも活かしていただけるのではないかと思うのです。ちょっとした工夫、考え方を変えることで、煮詰まっていたことが何とかなったり、仕方ないと思えたり……。「自滅」することを防ぐ手立てとなるはずです。

そして、全体を読んでいただければ、「現時点」だけでなく、5 年後、10 年後……、看取り期までの中・長期的な体制づくりや子の役割についても参考にしていただけるよう構成しています。

まず1章を読んで登場人物8人の現状を理解していただき、その後は、読みたいところから読み進めてください。

どうか「遠距離介護」で自滅しないで。
本書が、親の介護でお悩みの皆さまの一助となれば幸いです。

太田差惠子

目 次

3章 「自分の暮らし」を守り抜くコツ … 85

5章 賢く「施設」を利用する … 161

6章 「最期」の向き合い方 ⋯ 189

遠距離介護（中距離介護）で自滅しないために

100組の親子がいれば、
100通りの介護の形があります。
正解と呼べる方法はありませんが、
それぞれに悩み、もがきながら遂行……。
8人の事例をあなたの
遠距離介護（中距離介護）の
参考に！

指南役
太田差惠子
（筆者）

登場人物の紹介

◀ 両親は実家で2人暮らし。母親が入院し、退院後の生活が不安に。「遠距離のままでは親不孝」という罪悪感から東京に呼び寄せようと考えているが、妻は反対している。
→ P16、P48、P80、P124、
　 P132〜、P156

Aさん
50代・既婚・東京

両親
80代・長崎

▶ 両親は実家で2人暮らし。父親に物忘れの症状が出ている。しかし、「他人の世話にはならない」と介護保険の申請をしていない。親と近居の妹は離職を考え始めている。
→ P20、P86、P90、P92、
　 P136、P162、P166、P202

Bさん
40代・既婚・埼玉

両親
70代・新潟

Cさん
60代・シングル・東京

両親
80代・神奈川

◀ もうすぐ90歳になる両親は元気で2人暮らし。それほど遠くはない「中距離介護」。「電球が切れた」「腰が痛い」と呼びつけられ片道1.5時間を毎週のように往復してクタクタになっている。

→ P24、P52、P60、P106、
　P148、P150

▶ 父親が実家で1人暮らし。自立しているとはいえ、夏には自宅で熱中症により危機一髪だった。姪の協力で事なきを得たが……。遠距離介護を行える体制を築こうと奮闘中。

→ P28、P56、P64、P76、
　P96、P154、P170、P180

Dさん
50代・既婚・アメリカ

父親
80代・茨城

Eさん
30代・シングル・長野

**母親(60代)、
祖母(90代)と
同居**

◀ 両親は父方の祖母と同居していたが、肝心の父親が病気で急逝してしまった。疲れからか母親も体調を崩したため介護離職。東京から実家に戻ったのだが、「金も、やりがいもない」と大後悔……。

→ P32、P70、P74、P108、
　P118、P140、P174、P194〜

Fさん
40代・既婚・東京

両親
70代・北海道

◀ 両親は実家で2人暮らし。父親が認知症を患う母親の介護をしている。共倒れを心配し、両親揃って有料老人ホームに入居してもらおうと考えているが、検討しなければならない課題が山積み。
→ P36、P66、P78、P110〜、P178

▶ 両親は熟年離婚。弟が1人になった母親を介護すると実家に戻ったが、仕事もせず引きこもり……。母親は要介護1でデイサービスを利用しているが、介護のことだけでなく弟との関係も気がかり。
→ P40〜、P114、P176

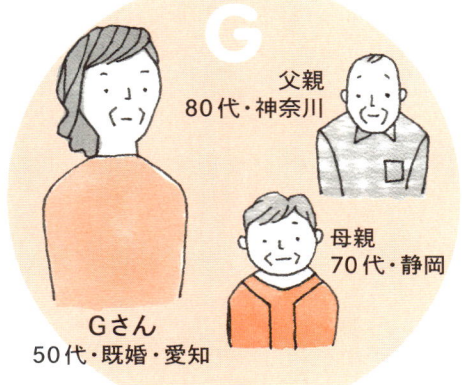

父親
80代・神奈川

母親
70代・静岡

Gさん
50代・既婚・愛知

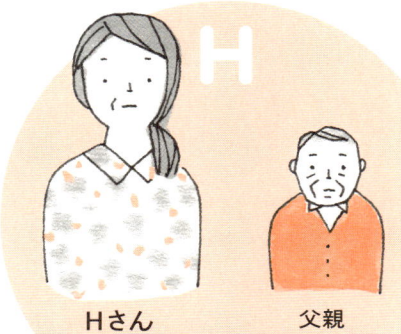

Hさん
50代・既婚・千葉

父親
90代・愛媛

◀ 父親は愛媛の特別養護老人ホーム（特養）に入居中。体調を崩し、特養から入院することが続いている。すぐに駆け付けられず、叔父から「仕事より親だろう」と責められている。
→ P44、P100、P102、P128、　P144、P184〜、P190〜、P198

＊ 本書の内容は実例をもとに書いていますが、フィクションであることをおことわりしておきます。
＊ 制度や数字については2019年11月現在で知り得た最新のものを採用しています。

「同居しなくても 介護できる?」
──8人のケースより──

1 別居のまま？　呼びよせる？
遠距離のままでは
「親不孝」と早とちり

▋▋ 親を呼び寄せるかどうか

 Aさん（50代男性）既婚・東京 ● 両親（80代）長崎

A「先日、母が病気で入院しました。もうすぐ退院ですが、父1人で母を看ることは難しい……。退院後は、東京に呼び寄せたいのですが、妻は反対だと言います」

A妻「義父母は九州を離れたことがなく、言葉も九州弁です。古いけれど、戸建ての広い家で暮らしています。それに、私たちは夫婦共働きだし、来てもらってもずっと傍にいられるわけではありません」

太田「東京に呼び寄せて同居のご予定ですか」

A「いえ、僕たちの住まいは2LDKのマンションなので、それはムリです。こちらに来てもらって、近所にマンションを借りるか、施設に入ってもらおうと考えています」

太田「ご両親は東京に来たいと言っておられますか？」

A「両親には『東京に来るかどうか』、まだ聞いていません。でも、彼らだって子の傍に来たいでしょ」

親の意思確認が先決

　Aさんが高齢の親の2人暮らしを心配する気持ちは理解できます。まして、これまで家事全般を行ってきた母親が倒れると、何とかしなければという思いにかられるでしょう。

　しかし、親の人生と子の人生は別です。子の気持ちを押し付けるのではなく、まず、親はどのように考えているか確認することが大切です。

　確かに、「子が傍にいると安心」という思いはあるでしょう。「子が自分たちの傍に来てくれたら」というのが本音かもしれません。けれども、大半の親は「子には子の生活があるから、戻って来るのはムリ」だと理解しています。実際、Aさん夫婦も仕事があるため、長崎に転居することは考えていないようです。

　一方、親にも、子の暮らす地域に転居する意思はないケースが多いといえます。多くの高齢者の気持ちは「住み慣れた家で暮らし続けたい」。Aさんの妻が言うように、方言も、食事の味付けも、家の造りや広さも違う土地で暮らすことに拒否感を示す親が多いといえます。高齢になってから新たな環境に馴染むのは容易なことではありません。

　Aさんは、次回、長崎に行ったときに親の意思を確認することにしました。

▌▌ 東京に来たいかどうか

（＊母親が入院中の長崎の病室で）

　A「親父、お袋の退院後のことだけど、2人だけで心配なら東京に来ないか。その方が安心だろ?」

　父「はあ?　東京?　何を寝ぼけたことを言ってるんだ。東京になど行くものか。死ぬまで、ここを離れるつもりはない」

母「そうね。私も、住み慣れた長崎を離れるのは嫌よ。だいじょうぶ、じきに体調も良くなるし、友達もいるから心配しないで」

第3の選択肢「遠距離介護」とは

　Ａさんの「呼び寄せ」の誘いは、両親からけんもほろろに断られました。「先走らないでよかった」とＡさんは言います。

　こうしたケースで、多くの子は「遠距離介護」を選択します。親も子も住み慣れた家に住まい続け、必要に応じて、子が親の家に通います。通いの頻度は距離、心身状態、経済状態、忙しさなどによって異なりますが、月に2〜3回というケースもあれば、年に1回というケースもあります。右のようにメリット・デメリットはありますが、いずれにしろ、介護保険などのサービスを利用することが不可欠です。

　高齢者の生活や介護などについて無料で相談対応する公的な窓口があります。「地域包括支援センター」です。遠距離介護を行うと決断したなら、両親の状況をざっくばらんに話した上で、今後の体制についてどのようにすればいいか相談することから始めたいものです。

「地域包括支援センター」 とは？

高齢者の総合相談窓口です。本人、家族、地域からの相談に対応。
地区ごとに担当が決まっているので、
親の暮らす住所地を管轄するセンターに相談を（相談無料）。
所在地がわからない場合は役所に問いあわせましょう。

例えば
- 介護保険制度やサービス利用方法についての説明
- 介護保険申請の代行
- 介護予防の相談
- 成年後見制度や虐待などの相談

遠距離介護のメリット・デメリット

メリット

- 親子それぞれ
  住み慣れたところに暮らせる
- 仕事や日々の生活を
  維持できる
- 時々しか会えないので
  互いにやさしくできる
- 高齢者だけの世帯ということ
  で、利用できる公的サービス
  の幅は同居より広い
- 特別養護老人ホームには、
  同居より
  入居が優先されやすい

デメリット

- 地図上の距離があるので、
  いざというときが心配
- 会うためには、
  時間、体力、お金（交通費）
  が必要
- 周囲から「冷たい子」と
  見られることがある

　余談ですが、Aさんの妻は義父母から呼び寄せを拒否され、安堵の表情を浮かべていました。Aさんには内緒で話してくれました。

A妻「義父母とはこれまで年に1、2回会うくらいだったので、良好な関係です。でも、近所で暮らすようになれば、会う頻度は増えます。それに、本格的な介護となると、どうしても夫よりも女の私の出番が増えると思うんです。ストレスになるだろうと……」

自滅する人 ▶ ▶ ▶

親の希望は「子の近く」に暮らすことだと思い込む

自分の人生を大切にする人 ▶ ▶ ▶

どこで暮らしたいか親の希望を聞く
（結婚している人は配偶者の意見も）

他人の世話にはならない?

親が拒否するため 家族だけで介護!?

▌▎ 近居の妹に負担が……

🔴 Bさん(40代女性)既婚・埼玉 ● 両親(70代)新潟

B「実家では両親が2人で暮らしています。最近、父の物忘れがひどく、毎晩のように母から『困った』と電話がかかってきます。実家の近所で暮らす妹は、頻繁に呼び出されてまいっています」

太田「お父さまは病院にはかかっておられますか。介護保険の認定は?」

B「父は『他人の世話にはならない』と言うので、介護保険を申請していません。それに、認知症が疑われるのですが、精神科に行こうとは言いにくくて。妹は『自分が仕事を辞めて看るしかない』と思い詰めているようです」

太田「確かに、親を認知症の専門医に連れていくのは大変ですね。けれども、もし認知症なら、早く治療を始めるほうがいいですよ。それに、家族だけでの介護は限界があります。たとえ嫌がられても、介護保険の申請をしましょう」

家族だけで抱え込まない

認知症を疑っても、どのようにして親を受診させればいいかと悩む子

は多いです。認知症を専門とするのは、精神科、神経内科、物忘れ外来などですが、抵抗を感じる親は多く、受診を勧めることで親のプライドを傷つけたり、怒らせたりすることもあります。

しかし、認知症だったとしても、早期に受診し治療を開始することで進行がゆるやかになり、親の1人暮らしや2人暮らしが長期間可能になったケースをたくさん見てきました。

認知症を疑ったけれども、実は、他の病気だったというケースもあります。下は、工夫して親を受診させることに成功した人の「言い方」例です。「ウソも方便」です。試してみる価値はあるでしょう。

早期であれば、本人自身で薬を管理できます（Bさんのところであれば、母親が父親の服薬を見守ることもできますが、1人暮らしのケースでは服薬の見守りが大きな問題となりがちです。介護保険には、「居宅療養管理指導」（P46）というサービスがあります。しかし、それでも管

親を受診させることに成功した『ウソも方便作戦』

国の制度で、70歳以上の高齢者は、
認知症の検査を受けることが決まった

今月中、認知症調査が無料だけど、
来月からは有料になるよ

お義母さん、実は夫（義母の息子）が
認知症ではないかと思うんです。
専門医に連れていきたいのですが
言いづらく……。
お義母さんが認知症検査を
受けることにしていただけませんか。
夫も連れていき、
検査を受けさせます

理が難しくなると薬を処方してもらえないケースもあります)。

　受診と並行して、Ａさんのケースでも紹介した地域包括支援センターで現状を話し相談することから始めたいものです。そして、介護保険の申請をしましょう。地域の認知症の専門医の所在が分からない場合は教えてもらうこともできます。

妹を離職させない

　子が複数いる場合、親と地図上の距離が近いところに住む子に負担がかかりがちです。Ｂさんの妹も「仕事を辞めるしかない」と思い詰めているようですが、妹には妹の大切な人生があります。辞めてしまったら、妹はＢさんに対して大きな不満を抱くことになると思います。「どうして、私ばかり？」と。Ｂさんも、妹を自滅に導くようで後ろめたい気持ちになるでしょう。

　親が抵抗を示しても、介護保険のサービス利用は不可欠です。親の多くは「病院には行かない」「サービスは利用しない」「介護保険の申請なんてしない」と拒否をする傾向があります。

　でも、それを真に受けて家族だけで何とかしようとすると、子の自滅につながります。

自滅する人 ▶▶▶

親が嫌がるからと外部サービスの利用をあきらめる

自分の人生を大切にする人 ▶▶▶

少しずつでも外部サービスを導入する

要介護認定の手続き

認定の申請

市区町村の窓口に申請。本人や家族のほか、
地域包括支援センターなどに代行申請(無料)してもらうこともできます。

申請に必要なもの
- 申請書
- 介護保険被保険者証
- 個人番号の通知カードまたは個人番号カード
- 印鑑(介護を必要とする本人の認め印)など

申請書には主治医の氏名や医療機関名を記入します。
主治医がいない場合は相談を。

要介護認定

- **訪問調査** 認定調査員が本人を訪問し心身の状況など調査します。
- **主治医の意見書** 市区町村の依頼により主治医が意見書を作成します。

↓

- **認定検査**
  医療・保健・福祉の専門家による介護認定審査会で審査します。

> 申請から認定の通知までは原則30日以内

認定結果

| 要介護 5 | 要介護 4 | 要介護 3 | 要介護 2 | 要介護 1 | 要支援 2 | 要支援 1 | 非該当 |

介護サービス
(介護給付)
居宅介護支援事業所
に依頼

介護予防サービス
(予防給付)
地域包括支援センター
に依頼

総合事業
(介護予防・日常生活支援)
地域包括支援センター
に相談

隣に住んでいるわけではない！
片道1.5時間の中距離を 毎週のように往復

▌▌▌ 近いとはいえ、遠い……

Cさん（60代女性）シングル・東京　両親（80代）神奈川

C「もうすぐ90歳になる両親は横浜市内で2人暮らしをしています。新幹線や飛行機帰省の方に比べると、時間も交通費もかかりません。でも、母なんて、隣に住んでいると思っているのか、すぐに『来て』『来て』って電話をしてくるんです」

太田「遠距離だと、『すぐには行けない』と親子共にあきらめますが、中距離だと、仕事が終わってからでも、行って行けないこともないので通いの頻度が高くなるケースをよく聞きます」

C「高齢だけれど、なんとか身のまわりのことはできるので介護保険などは使っていません。『電球が切れて暗い』とか、『衣替えが大変』とか、『腰が痛い』だとか呼びつけられます。毎週のように行っています。時には、仕事が終わってからも……」

太田「ご両親とも自立されており、すばらしいですね。でも、往復で3時間の距離を毎週のように往復する側はキツイです。少しずつでもサービスを入れましょう。それに、時には『ムリ、行けない』と言うことも必要だと思います」

90歳から10年、15年と支援する期間が続くことも

女性の2人に1人は90歳まで生き、4人に1人は95歳まで生きる時代です。男性も4人に1人は90歳を迎えています。

現在90歳の親も、この先、支援を要する期間が10年、15年続くことも考えられます。その間には、元気といっても、できないことが増えていくと思われます。親が100歳になれば、C

さんは80歳目前⁉　往復3時間の距離を頻繁に往復するのは、今以上にキツくなっていくでしょう。サービス利用は不可欠です。次ページの表のとおり、Cさん自身も90歳、100歳と生きる可能性は十分あります。親の介護で健康を害することはさけなければ！

高齢者が利用できるのは、介護保険サービスのほか、自治体が独自に行うサービス、地域のボランティアによるサービス、民間サービスです。Cさんの両親のように介護の必要ない高齢者が使えるサービスもあります。主なサービスをP27の図表にまとめました。

社会福祉協議会では、地域住民によるボランティアサービスを行っているところが多いです。なかには、電球交換など単発の困りごとに対応するところも。民間サービスならお金さえ払えば、ホームヘルプサービスはもちろん、あらゆるサービスを利用できます。ちょっとしたことをお願いしたいなら、信頼できる便利屋さんを見つけておくのも手です。自分が通っていく時間や体力のことを考えれば、リーズナブルなのではないでしょうか。

「ごめん、今日は行けない」と言う勇気を持つ

高齢の親から頼られると、できる限りのことをしてあげたいと思うものです。しかし、頼られるたびに対応すると、「対応してくれて当たり

あなた自身が90歳、100歳まで生きる確率

	男性			女性		
	80歳	90歳	100歳	80歳	90歳	100歳
2015年に65歳 (1950年生まれ)	73%	35%	4%	87%	60%	14%
2025年に65歳 (1960年生まれ)	75%	38%	5%	89%	64%	17%
2035年に65歳 (1970年生まれ)	77%	41%	6%	90%	67%	19%
2045年に65歳 (1980年生まれ)	78%	43%	6%	91%	69%	20%
2055年に65歳 (1990年生まれ)	79%	44%	6%	91%	69%	20%

65歳まで到達すると90歳以上まで生きる可能性大

厚生労働省「完全生命表」「簡易生命表」、
国立社会保障・人口問題研究所「日本の将来推計人口（平成29年推計）」より試算したもの。
出典：第5回社会保障審議会年金部会 2018年10月10日資料

前」と受け止められかねません。

　時間の調整が難しいときや、体力的にキツイときは断ってもいいと思います。子どもが何でもかんでも手を貸すと、親は「サービスなんて使わなくて大丈夫」と自信を持ちます。要求が大きくなっていくことも。

　一例ですが、思い切って母親を突き放した女性がいました。「私も具合が悪い。お母さんのことばかりやっていられない」と。その母親は「娘から嫌われたくない」と思ったようで、自ら介護保険を申請し、サービスを利用するようになりました。一見冷たいようですが、親の自立心を奮い立たせたのですから「良い娘」だと思います。

自滅する人 ▶▶▶

親の「来て！」「来て！」に応えようと頑張る

自分の人生を大切にする人 ▶▶▶

時には、「今日は行けない」と断る

サービスは介護保険のほかも……

	費用負担	窓口
介護保険サービス	利用限度額までなら1割負担（収入の多い親は2割、3割負担）	● 地域包括支援センター ● 役所の介護保険課
自治体独自サービス	無料や低価格、現物給付などさまざま	● 地域包括支援センター ● 役所の介護保険課
非営利サービス	全額自己負担だが、比較的低価格	● 地域包括支援センター ● 社会福祉協議会 ● シルバー人材センター など
民間サービス	全額自己負担	● 民間事業者

> 急ぎの単発依頼では、地域に信頼できる「便利屋」があれば助かる、と言う人も。1時間2500円〜3000円くらい

介護保険で使える主な居宅サービス

自宅を訪問してもらうサービス
- 訪問介護（ホームヘルプ）
- 訪問看護
- 訪問入浴介護
- 訪問リハビリテーション
- 居宅療養管理指導

自宅から施設に日帰りで通うサービス
- 通所介護（デイサービス）
- 通所リハビリテーション（デイケア）

短期間、施設で宿泊するサービス
- 短期入所生活介護（ショートステイ）
- 短期入所療養介護（医療型ショートステイ）

その他サービス
- 福祉用具貸与
- 特定福祉用具購入費支給
- 住宅改修

自治体独自サービスの例
- 緊急通報システム
- ゴミ出し援助（見守りを兼ねる）
- 食事の宅配、食事会（見守りを兼ねる）
- 住宅改修費助成（介護保険のサービスと合算できる自治体も）
- 紙おむつの支給、購入費助成
- 出張理美容

地域の非営利サービスの例
- 助け合いサービス（ホームヘルプ）
- 困りごと支援サービス（電球・蛍光灯の取り換え、簡単な大工仕事、花・植木の水やりなど）
- 安否確認サービス（訪問したり、電話で様子を聞いたり）

4 スグには駆けつけられない……
海外から1人暮らしの父親を支えたい

便利グッズやサービスを利用!

 Dさん（50代男性）既婚・アメリカ ● 父親（80代）茨城

D「僕はアメリカで暮らしています。茨城の実家で1人暮らしをする父は友達も多く、茨城を離れるつもりはなさそうですが、去年の夏、電話したとき様子が変で。迷った末、県内にいる姪に様子をのぞきに行ってもらいました。エアコンをつけておらず、熱中症だったようです。今後のことが心配です。毎回、姪に頼むわけにもいかないし」

太田「遠いと心配ですね。海外からの遠距離介護はもちろんのこと、国内どうしでも、気がかりなことが生じる度に自分が見に行くことはできません」

D「例えば、熱中症対策に良い方法はありますか」

太田「室温と湿度が表示されるデジタル時計を実家の居間に置いてみては？　視覚的に確認できると、親本人も、少しは気にかけるようになるでしょう。ネット環境を整えれば、遠隔操作でエアコンをon／offできるシステムもあります。熱中症に限ったことではなく、遠くにいる分、便利商品やサービスをフル活用したいですね」

高齢者向けの便利商品・サービスを探す

　親を遠距離介護する人から、よく夏場の暑さを心配する声を聞きます。温度や湿度表示がされるデジタル時計を居間に設置し、子が親に電話したときには、「いま、何度？」と聞きます。「室温33度、湿度80％」なのにエアコンはoffなんてことも……。もちろん、子は「いますぐ、エアコンをつけて」と指示します。

　実家に無線LAN環境が整っていれば、子が遠方からスマホで室温や湿度を確認でき、遠隔操作でエアコンをつけられるシステムもあります。ただし、身のまわりのことができる親なら、遠隔操作でつけたり消したりは余計なお世話となり、「監視されているようだ」と怒りを買う可能性もあるので注意しましょう（機器のことなので、ネットが途切れるなどのトラブルが起こるかもしれません。エアコン操作を遠方の子が担うときは補助的な利用を）。

　いまや高齢社会なので、高齢者が快適に暮らすことをサポートする商品やサービスは多種多様。身近な100円ショップの店内を見渡すだけでも、ペットボトルオープナーや手に力が入りにくい人のための箸やスプーン、入院中に便利な湯飲みなども売られています。

家族の代わりに見守ってくれる人やサービス

　遠距離介護では、何かのときに、自分の代わりに駆けつけてくれる人を探しておくことも重要です。

　夜間に何度電話をかけても1人暮らしの父親が電話に出ないので、とうとう5時間の距離を車で走ったという男性の話を聞いたことがあります。後から、父親の旅行予定を聞いていなかったことが分かり、男性は怒り心頭でしたが……。

　そんなことにならないためにも、旅行の予定を教えてもらえるくらいのコミュニケーションを確保するとともに、いざというときの策も考えておきたいものです。

Ｄさんは姪に父親の様子を見に行ってもらいました。やはり、親の近くに暮らす親戚は心強い味方だといえるでしょう。あとは、近隣の人、民生委員……、自分が育った地域なら同級生が住んでいるという人もいるかもしれません。1人でも多くの電話番号を知っていると安心感が高まります。親が親しくしている友人でもいいと思います。帰省した折には、近所の人に挨拶をしたほうがいいでしょう（菓子折り持参で挨拶をするという人もいますが、なかには「お菓子を渡されても何もしてあげられない」と隣人から怪訝な顔をされたという人も。いまの時代、地域によって、近所付き合いの加減も難しくなっています）。

　しかし、誰かに玄関先まで行ってもらえても、鍵が閉まっていたらどうするか……。緊急時に鍵を開けてもらえるように「キーボックス」を使っている人もいます。玄関外側に備えておく合鍵の収納ボックスです。いざというときはパスワード操作で開閉できるようになっています（ネット通販などで「キーボックス」と検索してみましょう）。また、社会福祉協議会のなかにはイザというときのために1人暮らしの高齢者宅の鍵を預かる「鍵の預かりサービス」を実施しているところもあります。

　一方、地域の人に頼むことが難しい場合は、民間のホームセキュリティサービスを利用する人もいます。

自治体のサービスをまとめた冊子を入手！

　自治体のサービスは、住んでいるところによってメニューも内容も違います。そこで、どのようなサービスがあるか事前に調べておきましょう。親元に滞在できる時間は限られているので、事前に情報収集を！

　役所では心身が弱ってきた際に利用できるサービスを一覧にした印刷物を用意しています（インターネットで見ることができる自治体も）。介護保険のサービスだけでなく、自治体独自のサービスについても説明されているので、入手しておきましょう。郵送してほしいとお願いすれば、送ってくれる役所が多いです（要送料負担）。「親がそちらの自治体で暮らしています。介護保険や自治体で行っている高齢者向けサービス

について記した印刷物があればいただけませんか。遠方に暮らしており、すぐにそちらまで行くことができないので」と言ってください。

▌▌ 電話がつながらず地域包括に電話!?

D「親のみまもりの話を友人としていたら、こんな話を聞きました。彼は1人暮らしの母親を遠距離介護しているのですが、あるとき、何度電話をかけても母親は受話器を取らず……」

太田「その方は、どうされました？」

D「どうにも困って、地域包括支援センター（P18）に電話をしたそうです。すると、『様子を見てきます』と行ってくれたんです。母親は階段から落ちた状態で、動けなくなっていたらしく……、すごく感謝していました」

太田「よかったですね。P86でも説明しますが、時には頼り上手になることは大切です。地域包括は駆けつけサービスをしているわけではないので、すぐにとお願いすることはできません。でも、どうしようもないときは相談してみると助けてくれることもあるでしょう」

自滅する人 ▶ ▶ ▶

気がかりなことがあるたび、自分が「行かなきゃ」と考える

自分の人生を大切にする人 ▶ ▶ ▶

家族の代わりに見守ってくれる商品やサービスを探す

5 母を助けるために 離職して実家へ戻ったが

▌▌母親と祖母を見捨てられない

👤 Eさん（30代男性）シングル・長野（母親（65歳）、祖母（90代）と同居）

E「長野では、両親が父方の祖母と同居していました。しかし、父親が病気で急逝し、母が1人で祖母の介護を担うことになったのです。疲れからか母親も体調を崩し、僕は仕事を辞めて東京から実家に戻りました。僕には妹もいます。車で1時間ほどだというのに、僕が戻ったのをいいことに、ほとんど顔を出さないんです」

太田「長野で再就職はできましたか」

E「契約なので、給料は大幅にダウンしました。金もなく、やりがいもなく、辛いです。妹に『少しは手伝え』と連絡するのですが、何やかや理由をつけて……」

太田「東京に戻りたいですか」

E「実は、東京の友人から、『仕事を手伝ってほしい』と誘われているんです。恐らく、これを断ったら、正社員に戻れる機会は二度とないでしょう。でも、祖母と母を見捨てて、東京に戻る決心がつかなくて……」

孫が介護を担うケースも

　介護をしていた子が健康を害したり、親よりも先に亡くなったりすることがあります。そうなると、Ｅさんのように「孫」が介護に直面することとなり、地図上の距離を埋めるために離職を選ぶこともあります。

　しかし、新たな土地で再就職できても所得は大幅減となりがちです。一旦、親や祖父母の暮らす家に移ると、そこから抜け出すことは、家族を見捨てるような気持ちになることもあるでしょう。しかし、「孫」は、祖父母よりも、親よりも、長く生きなければなりません。シビアになりましょう。日本の社会は、若い人ほど負担は大きくなっていくと考えられます。P35 の図の通り、高度経済成長期の 1965 年頃は、65 歳以上の高齢者１人を現役世代9.1 人で支えていました。「胴上げ型」と呼ばれ安定した社会を形成していた時代です。その後少子高齢化が進み 2.4 人で１人を支える「騎馬戦型」に。今後は１人で１人を支える「肩車型」になると予想されています。一時の感情で祖父母宅に転居したり離職したりすることはお勧めできません（もちろん、「子」の立場でも同様です）。

「マネジメント」を行う

　Ｅさんは現状を打破するために、祖母には施設に入ってもらうことを検討した方がいいと思います。母親は、「施設」を選ぶことは亡くなった夫（Ｅさんの父親）に対して申し訳ないと思っているのかもしれません。Ｅさんから提案しましょう。

　その上で、母親に休息をとってもらい、必要であれば、母親も 65 歳と介護保険を利用できる年齢なので申請を。

　妹とも顔を合わせて、今後のことをしっかりと相談する必要があります。祖母や母親の支援をしていくためには、直接介護はプロにまかせるとしても、暮らし全般のマネジメントはＥさんと妹が行う必要があります（母親が元気を取り戻せば、母親が祖母の介護をマネジメントできると思います）。医師や介護の専門職、地域の人たちとも連携、話をする

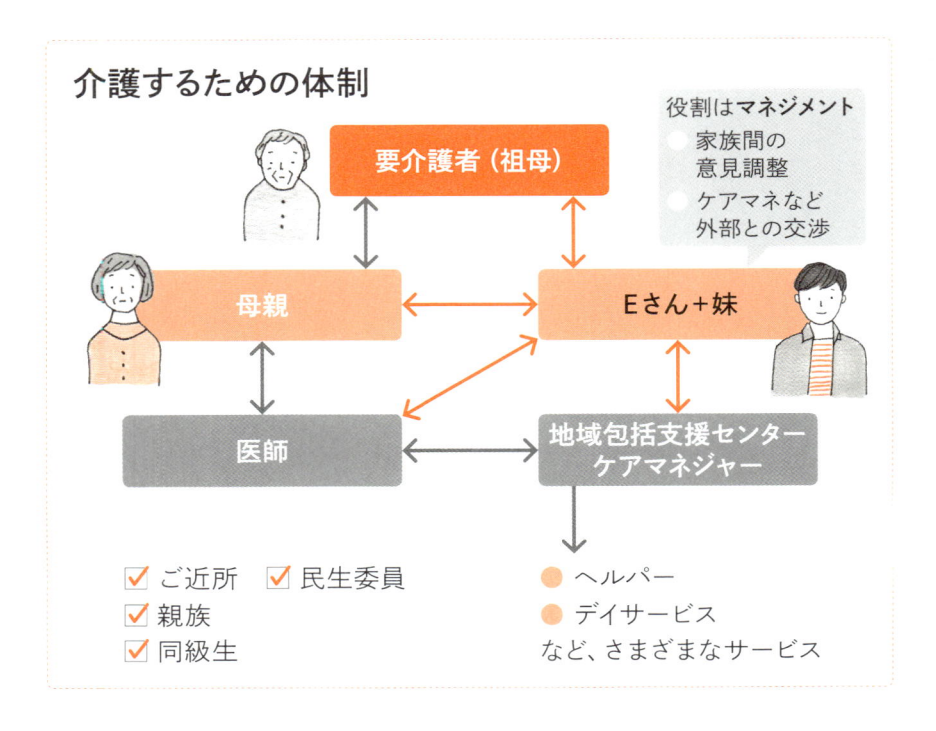

介護するための体制

要介護者（祖母）

役割は**マネジメント**
- 家族間の意見調整
- ケアマネなど外部との交渉

母親

Eさん＋妹

医師

地域包括支援センター
ケアマネジャー

☑ ご近所　☑ 民生委員
☑ 親族
☑ 同級生

● ヘルパー
● デイサービス
など、さまざまなサービス

必要があります。Eさんと妹が別々に違う要望をケアマネジャーに言ったり、民生委員に連絡したりすると迷惑となるばかりか、「家族は何を考えているのか分からない」ということになります。窓口を1本化するか、しっかり話し合いをしたうえで分担しましょう。

　こうした介護体制を整えることができれば、Eさんは同居を解消し、東京に戻ることができます。「遠距離介護」の始まりです。

自滅する人 ▶▶▶

「家族を見捨てられない」と考える

自分の人生を大切にする人 ▶▶▶

「見捨てない」ためにできることを考える

若い人ほど負担は大きくなる

1965年
胴上げ型

65歳以上1人に対して
20〜64歳は
9.1人

↓

2012年
騎馬戦型

65歳以上1人に対して
20〜64歳は
2.4人

↓

2050年
肩車型

65歳以上1人に対して
20〜64歳は
1.2人
（推計）

出典：厚生労働省

6 施設は子の近く？ 親の近く？ 老々介護をする父親の共倒れを防ぎたい

▋▋▋ 両親揃って有料老人ホームに入ってほしい

👤 Fさん（40代男性）既婚・東京 ⬤ 両親（70代）北海道

F「両親は北海道の実家で2人暮らしをしています。母親が認知症で父親が介護しています。頻繁に北海道に行くことも難しく。父の共倒れが心配なので、両親揃って、介護付きの有料老人ホームに入居してはと、父と相談しているところです」

太田「北海道は遠いですね。飛行機移動だと、雪や台風などで飛ばないこともあるのでハラハラしますよね。施設は北海道か東京か、どちらで探す予定ですか」

F「難しい選択です。両親は、北海道から出たことがない人で。それに、老人ホームの費用は東京よりも北海道のほうが安い。しかし、北海道の施設に入ったら、何かある度に飛行機で飛ばなければならず……」

太田「ご両親の気持ちを聞くことも必要ですね」

F「はい、父とは話しているのですが、どちらかと言えば、北海道にいたいようです。それと、両親が揃っているうちは同室が良いと思うのですが、老人ホームって、1人部屋が多いんですね」

子の近くか、親の近くか

　親の入居する施設を探すとき、その立地は子の近くか親の近くか、どちらがいいかと悩む人は多いです。子が複数いると、「どの子の近くか」と頭を抱えるケースもあります。

　「呼び寄せ／Ｕターン」にも通じることですが、親にとっては、住み慣れた地域の施設のほうが居心地いい可能性は高いでしょう。高齢の親の場合、地域が変わりスタッフや入居者との方言が異なるとコミュニケーションが難しくなりがちです。窓から見える風景も違ってきます。それに、費用的にも東京より地方は安い傾向があります。

　ただし、子が親に会いに行くには、これまで同様、遠い距離を往復することとなります。施設に入居してもケガや病気で入院することもあり、そう考えるとますます正解が見つからなくなります。

夫婦同室かそれぞれ個室か

　Ｆさんが言うように、施設は個室が中心です。有料老人ホームなどでは夫婦で入れる部屋を用意しているところもありますが、数が少ないうえに、Ｆさん同様「夫婦は一緒がいい」と考える人が多いせいか、すぐに埋まりがちです。個室２部屋よりも、２人部屋のほうが料金的にリーズナブルなことも一因でしょう。

　しかし、要介護の母親と元気な父親が有料老人ホームの２人部屋に入居すると、問題が生じることもあります。価格帯の高いところでもホテルのツインルームのような雰囲気で、通常、自宅よりも狭くなります。24時間体制といっても、当然ながらヘルパーが24時間居室にいてくれるわけではありません。入浴やトイレ、食事の介助はしてもらえても、その他の大部分の時間、父親のそばを母親が離れなければ、狭い空間の中で父親は母親の世話をしなければならなくなるでしょう。そこで別室にしてあえて別フロアなど、少し距離があるほうが良い場合もあります。

問題はそれだけではありません。有料老人ホームは、要介護の人が多いため、元気な父親は馴染めないかもしれません。

　また、事故を防ぐために、外出する際には行き先や帰宅時間を言わなければならず、元気な人にとっては「閉じ込められた」ような窮屈感を覚えることもあります。そのようなことも考慮すると母親だけ入居してもらうことも選択肢となります。

　施設選びについての詳細は5章で説明しますが、施設とひとことで言っても、行っているサービス内容は施設ごとに異なります。主な高齢者施設を右に一覧としましたが、こんなにあります。

　判断力があるのなら最終的に決断するのは親ですが、子がしっかり情報収集を行いたいものです。なぜ施設を選ぶのかという「目的」を明確にし、そのニーズを満たしてくれるところを探しましょう。

自滅する人 ▶▶▶

両親が揃っているなら、施設は断然「夫婦同室」

自分の人生を大切にする人 ▶▶▶

両親揃っていても、「別室」「要介護の親のみ入居」も検討

代表的な高齢者施設の種類

	施設の種類	介護度の目安
介護保険施設	**特別養護老人ホーム** ★ 一番人気の公的な施設。常時介護を必要とし、 在宅での生活が困難な高齢者のための施設	重度
	介護老人保健施設 ★ 入院治療を終えて退院後、在宅復帰をめざし リハビリテーションなどを必要とする高齢者のための施設	中度〜重度
	介護医療院・介護療養型医療施設 ★ 長期的な医療と介護の両方を必要とする 高齢者のための施設	重度
福祉施設	**ケアハウス** 家族による援助を受けることが難しく、 自立した生活に不安のある高齢者のための施設	自立〜中度
	ケアハウス（特定施設） ★ 「特定施設」の指定を受けたケアハウス。 24時間体制で介護を受けられる。	中度〜重度
	介護付き有料老人ホーム（特定施設） ★ 24時間体制で介護サービスを受けられる民間施設。 費用は公的な施設に比べて高額	軽度〜重度
民間	**住宅型有料老人ホーム** 施設ごと内容は大きく異なる。 介護が必要な場合は、外部事業者と契約して利用	自立〜中度
	サービス付き高齢者向け住宅 ケアの専門家が日中建物に常駐し、 安否確認と生活相談サービスを提供する賃貸住宅	自立〜中度
	サービス付き高齢者向け住宅（特定施設） ★ 「特定施設」の指定を受けたサ高住（全体の7％程度） 24時間体制で介護を受けられる。	軽度〜重度
地域密着	**グループホーム** ★ 認知症の高齢者向けの民間施設。 家庭的な雰囲気のなか、少人数で暮らす	中度
	小規模多機能ホーム 自宅に住まいながら、 「通い」「訪問」「宿泊」の3つのサービスを受けられる	軽度〜中度

★ 介護保険施設、特定施設、グループホーム：
　24時間体制で施設スタッフが介護を行う

7 自分1人でみんなを支えられない！
両親は熟年離婚、仕事を しない弟が母親と同居

複雑な家族関係に不安が募る

Gさん（50代女性）既婚・愛知 ● 母親（70代）静岡 ● 父親（80代）神奈川

G「両親は熟年離婚しています。女性問題で父が家を出ていきました。実家に残った母は要介護1でデイサービスを利用しています」

太田「お母さまは実家で1人暮らしなのですね」

G「それが、そうじゃないんです。母が1人になったときに、シングルの弟が『母を看る』と実家に戻ったんです。いま思えば、当時強硬に反対するべきでした。次第に、弟は仕事も母のこともしなくなり、いまでは食事の用意や洗濯なども母が行っています。母が1人なら、私が、もっと母をサポートできるのですが」

太田「弟さんとはお話しできる状況ですか」

G「それが、なかなか。私が実家に行っても、部屋に閉じこもって出てきません。経済的なことも心配で……」

家族の形が多様化している

　Gさんのところのケースは特段珍しい話ではありません。「親元に、仕事をしないきょうだいが暮らしている」という話をしばしば聞きます。なかには、親が介護を要するにも関わらず、適切な介護がなされていないこともあります。

　Gさんの母親は介護保険のサービスを利用していますが、「外部サービスを入れるとお金がかかる」「仕事をしていないことを役所に責められる」などの理由で、親元に暮らす子が拒否するケースもあると聞きます。

　親のほうも、抗おうとせず、家を出ている子に助けを求めないことも……。

　経済的な心配も生じます。親が生きている間は、親の年金で生活できても、亡くなった後、そこで暮らす子はどうするのか……。また、孤立した関係からは虐待が生まれやすく、特に2人暮らしでは注意が必要です。近年こうした50代の子と80代の親の問題が増加し、「８０５０問題」と呼ばれています。2018年度には内閣府による初の「中年世代のひきこもり」調査が行われました。

▌ 父親と弟の世話は?

G「将来的に母が亡くなったら、私が、弟の経済面を助けなければならないのでしょうか」

太田「親と違って先が長いので、経済的に支援することは難しいと思います。抱え込まず、そのときには福祉を頼りましょう。都道府県や一部自治体には『ひきこもり地域支援センター』という相談窓口もあります」

G「もう1つ、心配が。風の噂で、父が女性と別れて、お金にも困っているという話が……。もし、父が頼ってきたら、世話をしなければいけないのでしょうか」

太田「確かに、夫婦の関係は切れても、親子の関係は切れません。でも、人は万能ではありません。家族といえども、できることとできないことがあります。自滅しないためにも、できないことは『できない』と言ってください」

家族の話を他人に話すことを躊躇する人は多いと思います。けれども、仲良く幸せそうに見える家族でも、たいてい何らかの問題を抱えているものです。

離れて暮らしているからこそ冷静に対処できることもあります。ひきこもりにしても、虐待にしても、公的な相談窓口があるので1人で抱え込まないことが重要です。きっと、解決策は見つかるはずです。

自滅する人 ▶▶▶

「家族だから、できる限りの支援をしたい」と考える

自分の人生を大切にする人 ▶▶▶

「家族でも、できることとできないことがある」と考える

自宅にいる40〜64歳のひきこもりの人調査

**内閣府の調査に
ひきこもりと答えた
中高年の年齢構成**

※ 定義は「自室や家からほと
んど出ない状態に加え、趣
味の用事や近所のコンビニ
以外に外出しない状態が6
カ月以上続く場合」

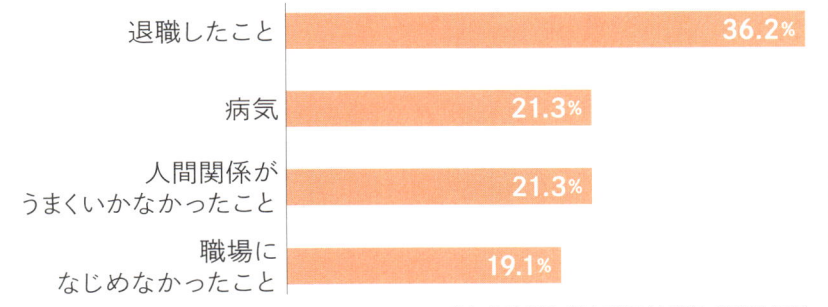

60〜64歳
21.1%

40〜44歳
18.3%

45〜49歳
22.0%

50〜54歳
20.4%

55〜59歳
18.2%

ひきこもり状態になったきっかけ（40 〜 64 歳）

退職したこと	36.2%
病気	21.3%
人間関係が うまくいかなかったこと	21.3%
職場に なじめなかったこと	19.1%

出典：生活状況に関する調査（内閣府、平成30年度）

- 全国に61万3000人（15〜39歳の推計54万1000人を上回る）
- 男性が76.6%
- ひきこもり状態になったきっかけは「退職」最多
- 期間は7年以上が半数近くを占め、長期化・高年齢化
- 家の生計を立てているのは
  「父母：34％」、「自身：30％」、「配偶者：17％」、「生活保護：9％」
- 悩み事は「誰にも相談しない」が4割超

8 特別養護老人ホーム 入居中の父親が度々入院

▮ 親戚から「仕事より親だろう」と責められる

Hさん (50代女性) 既婚・千葉 ● 父親 (90代) 愛媛

H「父は愛媛の特別養護老人ホーム (特養) に入居中です。このところ、体調を崩して、特養から入院することがあります。そのたび、すぐに駆けつけられず……。世話になっている叔父からは『仕事より親だろう』と責められます」

太田「医療依存度が上がり、入退院を繰り返すようになると、施設に入居中でも、遠距離介護は厳しくなることがあります。どうしても回らず、子の近くへ移動してもらうことを決断されるケースもあります」

H「寝たきりの状態でですか?」

太田「親の地元で長期療養できる病院を探し、施設から病院に切り替える人もいます。一方、ストレッチャーの備わった介護タクシーで、寝たままの状態で連れてきて、子の自宅近辺の施設や病院に移ってもらう人もいます」

入院頻度が上がると頻繁な通いが必要に

「介護」という事象では、即時の対応を迫られることが少ないため、

時間の融通がきくことが多いです。けれども、親の病気やケガでは、待ったなしに治療が必要です。同意書なども提出しなければならないので、誰かが駆けつける必要が生じます。

看取り期にもいえることですが、緊急時に親元にいち早く駆けつけることができるのは誰でしょう……？　考えておく必要があります。

万全とはいえませんが、医療面でもサービスを利用することができる部分もあります。別途有料になるところが多いですが、高齢者施設のなかには、入院時の手続きや準備、洗濯物などの「入院時サポート」を行うところも。施設以外にも、民間のヘルパー会社や一部の社会福祉協議会でも「入院時サポート」を実施しています。費用は高いですが、看護師資格を持つスタッフが対応する「プライベート看護師」という民間サービスもあります。ただし、いずれも、できることとできないことがあるので、事前の確認が欠かせません。

長期入院ができる病院に移るケースも

詳しくは5章で説明しますが、一部の病院は高齢者が長期療養できるベッドを用意しています。そこで、医療依存度が高くなってくると、在宅や施設から、そのような病院へ移るケースもみられます。

このとき、遠距離のままか、子の近くかと再度検討する人が多いです。病院からの呼び出しが多そうであれば、子の近くを選ぶケースもあります。呼び出しが頻発することはなさそうなケースや、もう一方の親が実家にいるケースでは、実家近辺で探す人もいます。

自滅する人 ▶▶▶

施設に入ると「頻繁な通いは必要なくなる」と考える

自分の人生を大切にする人 ▶▶▶

施設入居後も「頻繁な通いが生じることがある」と考える

1人暮らしの親。薬の飲み忘れをどうすれば？

介護保険には、「居宅療養管理指導」というサービスがあります。医師の指示にもとづき、薬剤師や管理栄養士、歯科衛生士などが自宅を訪問してくれるものです。

薬剤師の場合は、生活状況を把握したうえで、どうすれば飲み忘れを防ぐことができるかを考えてくれます。カレンダータイプの薬収納を提案してくれたり、薬の形状を変えたり（錠剤から粉剤に変更するなど）、1回に服用しなければならない薬を一包みにして「○日朝食後」「○日夕食後」という風に印字してくれたりもします。

薬の飲み忘れも心配ですが、飲んだことを忘れて過剰服用になることも危険です。気がかりな場合は、かかり付けの医師、または親の担当ケアマネジャー（地域包括支援センター）に相談してみましょう。

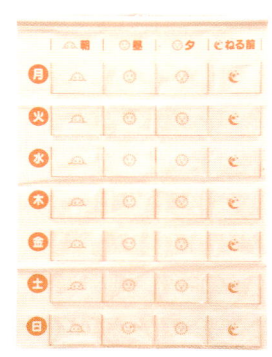

お薬カレンダー おくすり当番
マチ付投薬カレンダー（ハピラ）

2 章

離れて暮らし続ける「心構え」

遠距離は親不孝?

地図上の距離が遠い
＝不幸、とはいえない

▌▌▌ 何が幸せかは人それぞれ

👓 Aさん（50代男性）既婚・東京 ● 両親（80代）長崎

A「親が長崎を離れないと言うので、遠距離介護でやっていこうと思います。でも、しょっちゅう帰れるわけではありません。身体の不自由な親だけにしておくのは、親不孝をしているようでココロが痛みます」

太田「同居や近居だと、親孝行なのでしょうか？」

A「一概には言えませんね」

太田「親子といっても、離れて暮らしてきた時間が長いと、価値観や生活スタイルは違っています。それぞれが、これまで通りの生活を維持した方がお互いの幸せ、という考え方もあるのではないでしょうか」

「呼び寄せ」「Uターン」か、「遠距離介護」か

　親を子の自宅に「呼び寄せ」たり、子が親元に戻る「Uターン」をすれば、両者の地図上の距離はぐっと縮まります。しかし、本当にそれが親の幸せにつながるのでしょうか。

　本書は「呼び寄せ」「Uターン」を否定するつもりはありません。親

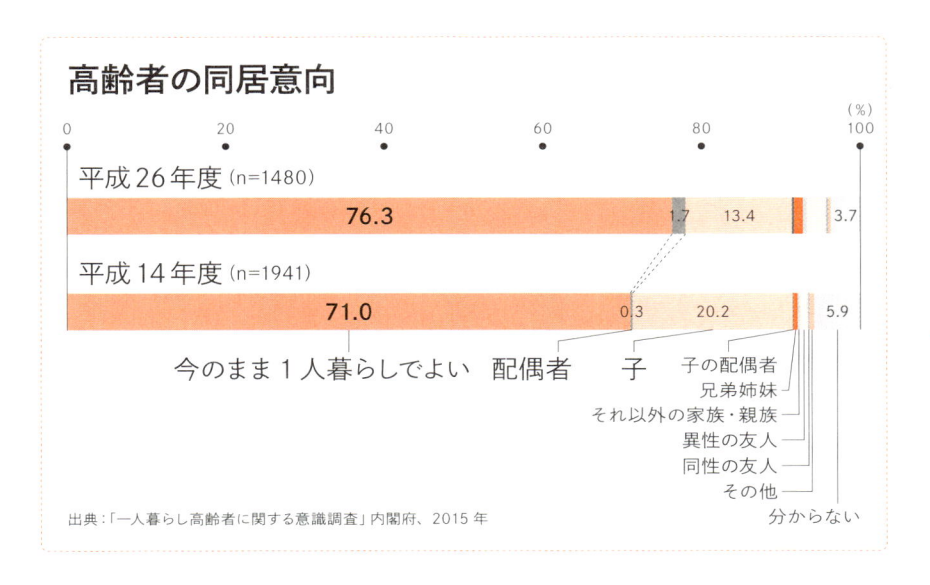

高齢者の同居意向

平成26年度 (n=1480)

76.3 1.7 13.4 3.7

平成14年度 (n=1941)

71.0 0.3 20.2 5.9

今のまま1人暮らしでよい　配偶者　子　子の配偶者　兄弟姉妹　それ以外の家族・親族　異性の友人　同性の友人　その他　分からない

出典:「一人暮らし高齢者に関する意識調査」内閣府、2015年

も自分たち家族も、きょうだいも、全員がそれらに賛成するのなら、より良い選択だといえます。しかし、多くの場合、「反対」の声が上がります。Aさんのところは、両親もAさんの妻も「反対」しています。

呼び寄せて同居・近居に踏み切っても、日中、子は仕事などに忙しいため、親だけが取り残されることに。方言が違い、友人や知人のいない土地で、かえって孤独になることもあります。長年かけて構築したコミュニティを離れて、新たなコミュニティを築くのは、そんなに簡単なことではないと思います。Aさんの妻が心配していたように、いわゆる「嫁・姑問題」が勃発することも珍しくありません。実の親子にしても、遠慮がない分、もめることもあるでしょう。

上の図表は1人暮らしの高齢者に対して、今後の同居意向を聞いた調査結果です。「いまのまま1人暮らしでよい」は増加している一方、「子と同居」は減少しています。

これまで筆者は、親の立場の人にも取材をしてきました。

80代のトキさんから聞いた話を紹介しましょう。夫が亡くなり、1人暮らしとなったときに長男から声がかかり、長男宅の近所に越してこら

れました。

■ 「こっちにおいでよ」が親を追いつめる!?

太田「住まい心地はいかがですか」

トキ「私が1人になったので、息子が心配して呼んでくれたんです。やさしい息子です。嫁もいい子で。でもね、本当は、住み慣れた家を離れたくなかった。向こうには友人がいっぱいいましたから。家には、夫との思い出もありました。買い物に行ってもよく立ち話をしていましたが、こちらでは無言でレジが打たれるだけ……」

太田「では、なぜ引っ越してきたのですか」

トキ「断ってしまうと、本当に困ったときに頼れないでしょ。息子は、『だから、あのとき、こっちに来てって言ったんだよ』と言うでしょう。いつか、私も、介護が必要になったり、認知症になったりするかもしれない。そのとき、息子の世話になることもあるだろうと考えたのです」

太田「『本当は、行きたくない』って、息子さんに話しましたか」

トキ「言っていません。そんなことを言えば、息子を悩ませるので、『ありがとう』と言ってこちらに来ました」

トキさんは、そう話すと、故郷を思い出したのかぽろぽろと涙をこぼしました。

筆者は、トキさんがレアケースだとは考えていません。

呼び寄せられた後に平穏に暮らしている親もたくさんいますが、「帰

りたい、帰りたい」と言って、本当に、戻ってしまったという親も少なくありません。子が家を建てる際に親のための居室を設けたけれど、「一向に、引っ越してこない」という声を聞くこともあります。

「クローズアップ現代」でも「ふるさとの親どう支える？ 〜広がる"呼び寄せ高齢者"〜」（NHK2016.6.20）を放送していました。そのなかで、横浜のたまプラーザ地域ケアプラザ（地域包括支援センター）の所長が「呼び寄せ」に対し「うまくいかなくなるケースの方が、断トツ多いと思います。人との交流がなくて孤立して、引きこもったり、すごくあります」と話しています。

要介護度が重くなったときのために「どうしたいか」「どうするか」を考えておくことは大切です。けれども、困るか困らないかも分からない将来のために、親の生き方の選択肢を狭めることは避けたほうがよいのではないかと思います。

自滅する人 ▶▶▶

同居、近居こそが親孝行だと信じて疑わない

自分の人生を大切にする人 ▶▶▶

住まう場所と、親孝行・親不孝はリンクしないと考える

2 何でもやってあげたいけれど……
やさしい子より マネジメント上手に

息切れしないために

 Cさん（60代女性）シングル・東京 ● 両親（80代）神奈川

C「親から、『ちょっと来て』と言われ、断ろうと思っても、断りにくいです。でも、頑張ると疲れ果てる。こちらも若くはないから。でも、若くないといっても、親と比べたら若いから、頑張るしかないと、堂々巡りです」

太田「親にとって、子はいつまでたっても子なので、子がそれほどに年齢を重ねていることに気づいていないこともあります。時には『私だって、しんどい』とアピールしてみては」

C「そうですね、やさしい娘でいたいと思う反面『この生活がいつまで続くのだろう』と考えているときがあります。そんなとき、『私は親の死を願っているの？』と自分自身にゾッとします」

太田「親との関係は長期戦です。息切れしないために、やさしい子よりマネジメント上手になるほうがいいですよ」

親の死を願っているわけではない

「人生100年時代」といわれる今、親を支えなければならない期間は、相当長期にわたるケースがあります。長くなってくると、誰しも「いっ

たい、いつまで行ったり来たりが続くの？」と思うものです。そう考えた次の瞬間、「通いの終了＝親の死」だと気づき、「自分は、なんて冷たいんだ」と罪悪感を抱きます。

しかし、通いが辛くなる気持ちと、親の死云々（うんぬん）は、まったく別次元の話です。

多くの子は、「親には1日も長く、少しでも笑顔で生きてほしい」と考えています。しかし、体力的にも肉体的にも経済的にも辛くなってくる。

やさしすぎるのは「自滅」への第一歩です。やさしい子よりも、マネジメント上手になりましょう。

親の生活全般をマネジメントする、とは?

同居や近居に比べ、中・遠距離だと親のために「できないこと」は多くなります。Cさんは「電球が切れて暗い」とか、「衣替えが大変」と呼

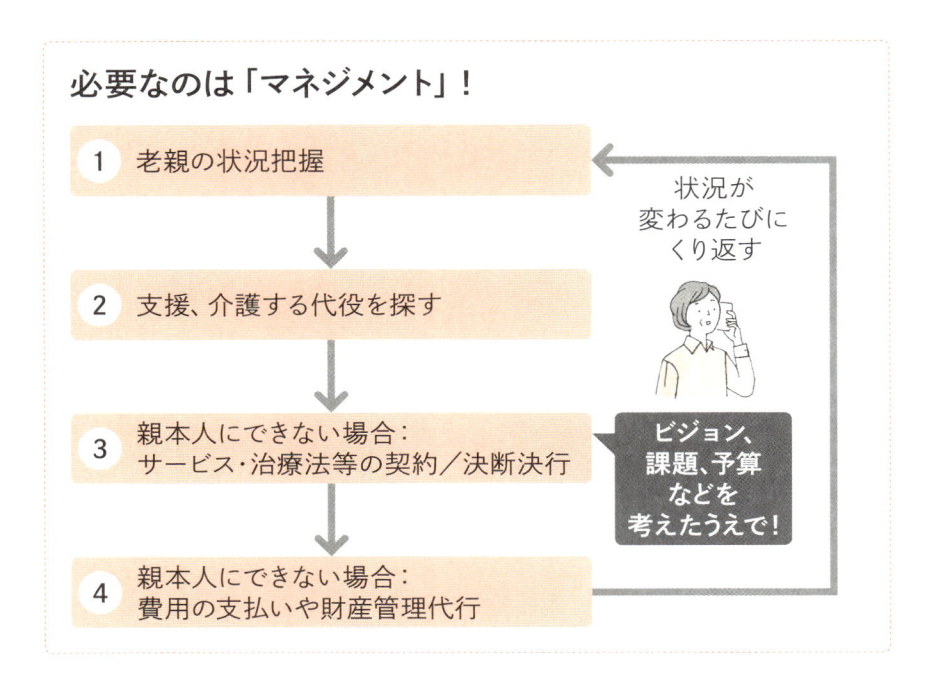

必要なのは「マネジメント」!

1　老親の状況把握

2　支援、介護する代役を探す

3　親本人にできない場合：
サービス・治療法等の契約／決断決行

4　親本人にできない場合：
費用の支払いや財産管理代行

状況が
変わるたびに
くり返す

ビジョン、
課題、予算
などを
考えたうえで!

びつけられると言っています。同居や近居なら、それほど負担なく手伝えることです。

　子にできないことは、サービスを頼りませんか。

　P27でも紹介したように、探せばさまざまなサービスを見つけることができます。

　仕事でも、自社でできないことはアウトソーシングするように、親の介護でも、子ができないことは何らかのサービスを探す。ビジネス感覚で、親の生活全般をマネジメントするのです。

　遠距離介護とは、新幹線に乗っておむつ交換に行くことでもなければ、飛行機に乗って食事介助に行くことでもありません。親の暮らしがスムーズに進むように、制度やサービスを採り入れることです。適切な制度やサービスを使うためには、仕事でアウトソーシングするときと同じように、ビジョン、課題、予算などを把握したうえで情報収集することが不可欠です。親を支えるための体制を築きます。

　ビジネス感覚で「マネジメント」と言うと、腕まくりを始める人もいます。しかし、「暮らし」ですから、完璧を目指すとやり過ぎになる場合も……。

　タロウさん（60代）から、こんな話を聞きました。両親は故郷で2人暮らしをしています。

▍▍ 何でもやってあげることが「やさしさ」とは限らない

タロウ「父親は90歳です。介護保険の認定は『要介護2』。その父親が認知症の母を介護しています」

　　太田「いわゆる老々介護ですね。タロウさんは通っているのですか」

タロウ「僕は、月に2回、通っています。でも、月に2回行っても、

ほとんどの時間、両親は2人きりです」

　　太田「ご心配ですね」

タロウ「でも、2人の暮らしぶりを観察していると、これはこれで
いいんじゃないかと思えるのです。ケアマネジャーと相談をしつ
つ、自宅の危険な箇所は改修し、いくつかサービスも入れていま
す。環境が整っているので、彼らなりに、自立した暮らしをできて
います。もし、僕が身近にいれば、父が買い物に行こうとすると引
き留め、ご飯を炊こうとすれば、『僕がやる』と言い、"できる力"を
奪ってしまうんじゃないかな」

　　太田「確かに、"やってあげる"ことがやさしさとは限りませんね。
　　安全に行える環境を整え、見守り、難しいことにはサービスを入れ
　　るなどマネジメントすることがやさしさなのですね」

タロウ「太田さん、『遠距離介護』って悪くないですよ！」

自滅する人 ▶▶▶

何でもやってあげることが「やさしさ」だと考える

自分の人生を大切にする人 ▶▶▶

見守り、必要に応じサービスを入れることが「やさしさ」だと考える

3 具合が悪くなったら、言ってくる?
連絡頻度を増やす
SNSも活用

▌▌ SOSを見逃さない

Dさん (50代男性) 既婚・アメリカ ● 父親 (80代) 茨城

D「海外からでも父の異変を察知できるものでしょうか」

太田「定期的に電話やメールで連絡をとれば、安否確認になるでしょう。可能なら、子からではなく、親から電話をかけてもらうといいですよ。体調が悪いと、『いつもの時間に電話する』ことが難しくなります。日本から海外への電話代が高くなるようなら、親にワン切りしてもらって、折り返してもいいでしょう」

D「それは良い方法ですね。でも、電話よりもメールのほうが手軽ですね」

太田「はい、スカイプやLINEなど、ITを活用してコミュニケーションを確保する親子が増えています」

「便りがないのは元気な証拠」とは言えない

　前項で説明した通り、親の生活に不自由が生じてきたら、安心、安全に暮らせるようマネジメントを行うことが遠距離介護です。
　そのためには、不自由が生じたことを察知しなければ始まりません。しかし、実は、これが難しい……。親は、不自由が生じても、言ってこ

ないことが多いからです。

　例えば、親がガンと診断され、入院・手術をしたことを、「後になってから聞いた」という子は珍しくありません。両親が揃っていたり、近所に別の子がいたりすると、「あの子（遠距離）には、内緒にしておこう」と知らせない選択がなされることがあります。

　親の立場の人に理由を問うと、「子は忙しくしている。遠いところ駆けつけさせるのは申し訳ない」と言います。「迷惑をかけたくない」という親心のようです。しかし、近所に元気な家族がいればいいのですが、誰もいないと後手にまわります。

　気づいたときには、「認知症が進んでいた」とか、「ろくに食べておらず、やせ細っていた」なんて声を聞くことも。具合が悪いのに病院にかからず病気が進行していたり、命の危険が迫っていたりすることもあります。

連絡回数を増やす

　適切なタイミングで親の生活に関わろうと思えば、親の SOS を察知できる環境整備が必要です。「困ったことが起きたら、連絡をして」と言っておいても、普段から連絡を取り合っていなければ、連絡してこない可能性が……。気がかりなら、コミュニケーションの頻度を増やしましょう。

　子から電話をかけてもいいのですが、例えば「月水金の 20 時」など時間を決めて親からかけてもらうのも一案です。事前に決めた時間に電話がないことが続けば、親に何らかの異変が生じているサインとなります。体調が悪いと電話をかけるのを失念したり、日時の感覚が鈍くなったりすることがあるからです。子が複数いる場合は、「月曜は長男」「水曜は長女」などと分けて電話をかけてもらっている人もいます（考えることが認知症予防に役立つことも）。

　スマホを使う親であれば、家族間で LINE グループを作ってみるのも一案です。「うちの親に LINE なんてムリ」と頭から否定する人もいますが、「教えたらできるようになった。一連の会話の流れがチャット形式

で残るのでとても便利」という声を聞くこともあります。「既読」となったら無事だと分かります。写真や動画を送るだけでも、コミュニケーションとなります。また、SNSは災害時に電話回線が混雑していてもつながりやすいのもメリットです。

スカイプで親の表情を見ながら話をしている、という人もいます。

■ 「あれっ」と思ったら……

D「遠くに暮らしていても、結構できることはありそうですね」

太田「せっかくコミュニケーションを増やしたら、『あれっ』と思う気づきがあったらメモしておくといいですよ」

D「気づき？」

太田「例えば食欲がないとか、階段から転落したと聞いたとき。楽しみにしているはずの友人との集いに行かなかった、と聞いたときなど。『メモ』を付けておけば、親の変化がよく分かります」

「観察の目」を持つ

子世代は、何かと多忙に暮らしているため、「何か変！」と思っても、すぐに忘れてしまいがちです。時系列も分からなくなってしまいます。親のことで気づいたことがあれば、日付と内容をメモしておきましょう。メモがたまれば、親の異変を正確に察知できます。おかしいと思えば、帰省したり、受診を勧めたり、サービスの導入を検討したり。

実家への帰省時は、より「観察できる」チャンスです。

例えば、「実家の冷蔵庫」のなかを見ることで、親の認知症を発見したという子の声をよく聞きます。同じ商品や、賞味期限切れの商品が大量

親のこと気づきメモ (書き方の例)

10月○日（火）	父から火曜にかかるはずの電話がない
	（これで3週連続）
	こちらから電話をかけると「忘れていた」とのこと
10月○日（木）	父から、「階段から落ちた」と電話
	ケガはなかったもよう
11月○日（日）	久しぶりに帰省
	台所にゴミ袋がいくつもある（出せないのか？）

に入っていて驚いたと……（スマホで写真に撮っておくと次回比較がスムーズです。きょうだいがいる場合は送ると事情を共有しやすいです）。

「観察しよう」という気持ちを持っているのと持っていないのとでは、見えてくるものはまったく違ってきます。例えば、ゴミがたまっているのは、ゴミ出しができないのか、面倒なのか……。いつもメイクをしていた母親がスッピンなのは、体調が悪いのか、面倒になったのか……。いつもおしゃべりな父親が寝てばかりなのは、なぜなのか……。それぞれ大きな異変の前触れかもしれません。

自滅する人 ▶▶▶

「便りがないのは元気な証拠」と考える

自分の人生を大切にする人 ▶▶▶

「便りがないのは元気な証拠」とは限らないと考える

4 サービスを入れる！
拒否をされても介護保険を申請する

申請時に注意することは?

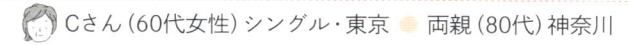 Cさん（60代女性）シングル・東京 ● 両親（80代）神奈川

C「介護保険って、相当介護が必要になってから使うものだと思っていました。P54 のタロウさんのご両親の話を聞き、寝たきりとかじゃなくても申請できると分かり、うちも父の申請をしました。もうすぐ、認定調査があります」

太田「お父さまは足にもご不自由があるということなので、通ると思いますよ。認定調査の日には、Cさんが、仕事を休んででも付き添ってください」

C「どうしてですか」

太田「サービス利用を好ましく思っていない親は、調査のときにがんばる傾向があります。自分でできないことも『できます』と返事されることが多く……。結果、認定結果が低く出てしまうことがあるんです」

C「それは、たいへん！　うちの父は、きっとそのタイプです（苦笑）」

拒否する親への対応

　親の生活をサポートし遠距離介護をするには、サービス利用は不可欠です。しかし、多くの親が「介護保険なんて使わない」「ヘルパーが来たら疲れる」「デイサービスなんて、年寄りばかりのところには行けない」……など、いちいち拒否する傾向があります。遠距離介護をスタートする時点での、子の悩みのトップと言っても過言ではありません。

　親のことを一生懸命考えて提案しているのに拒否をされると腹が立ちます。けれども、そこで怒っても、たいていの場合、平行線で疲れるだけです。マネジメントですから、冷静に「うちの親はどのようにアプローチすれば耳を貸してくれるだろう」と考えてみてください。

　これまで下のような方法で成功した事例はたくさんあります。介護保険の利用だけでなく、今後、いろんな場面で親の反発があるかもしれません。仕事現場の「やっかいなクライアント」への対応を思い出して向き合えば、きっと突破口を見つけられるはずです。

「介護保険なんか使わない」と言う親との向き合い方（例）

● 家族の言葉に耳を貸さない親でも、
「先生」という立場の人には弱い傾向が……。そこで、
こっそり主治医にお願いして、主治医から介護保険の申請を
勧めてもらう。「先生が言うなら仕方ない」と納得する親は多い。

● 娘の言葉には耳を貸さないが、
親にとっての息子の言葉には弱い親は多い。
そこで、男兄弟がいる場合は、親への提案をまかせる。

● 介護保険のサービスといえば、ホームヘルプサービスや
デイサービスだけだと思っている親は多いが、住宅改修などもある。
「介護保険を使えば、手すり設置など20万円分の工事を
たった2万円でできるよ」と言うと、「それはお得だね」と
前向きになる傾向がある。介護保険を気に入ったところで、
本来入れたかった、ホームヘルプサービスやデイサービスを入れる。

親の多くはできないのに、「できます!」と答える

介護保険の要介護認定の手続き（P23）を行うと、後日、「認定調査員」が親のところを訪問し、74項目の聞き取り調査が行われます。このときの「調査結果」と主治医の「意見書」をもとに、どのくらいの介護が必要か判定されることになります。

認定調査のときに、人の世話になることが嫌なのか、遠慮なのか、プライドなのか、できないことも「できます」「問題ありません」と答える親は多く、結果が低く出てしまうことがあります。図表の通り、要介護度ごとに利用できる限度額は異なるため、低く出ると、利用したいサービスを利用できなくなることがあります。

立ち会えば、親が事実と異なることを言っても訂正できます。「親はあのように言いましたが、実は……」と。家族の意見として認定調査票に書き添えてくれます（親のプライドを傷つけないように、親のすぐ横で言ったりしないように注意!）。

このとき、P59で紹介した「親のこと気づきメモ」を見せたり、混乱した冷蔵庫の写真を見せたりすると、短時間で的確にポイントを伝えることができます。

ちなみに、介護保険の申請は、地域包括支援センターなどが無料で代行してくれる「代行申請」というシステムがあるので、何回も帰省できない場合は依頼するといいでしょう。

自滅する人 ▶▶▶

親ができないことを「できる」と言っても、じっと見守る

自分の人生を大切にする人 ▶▶▶

できないのに「できる」と言えば、訂正する

介護保険での要介護度の目安

要介護度	状態像の目安	支給限度額 （1カ月当たり）
要支援1	日常生活は基本的に自分でできるが、要介護になることを予防するために少し介助が必要。	50320 円
要支援2	立ち上がりや歩行が不安定。排泄・入浴などで一部介助が必要だが改善する可能性が高い。	105310 円
要介護1	立ち上がりや歩行が不安定。排泄・入浴などで部分的に介助が必要。	167650 円
要介護2	起き上がりが自力では困難。排泄・入浴などで一部または全介助が必要。	197050 円
要介護3	起き上がり、寝返りが自力ではできない。排泄・入浴・衣服の着脱など多くの行為で全面的介助が必要。	270480 円
要介護4	常時介護なしでは、日常生活を送ることが難しい。	309380 円
要介護5	生活全般について全面的介助が必要。	362170 円

（1 単位＝ 10 円で計算）

要介護度ごとの「支給限度額」内でサービスを利用。
自己負担は所得によって
1〜3割（限度額をオーバーした分は全額自己負担）

5 将来に備えて 親の希望を確認

▮▮ 介護が必要になったらどうしたいか?

Dさん（50代男性）既婚・アメリカ ● 父親（80代）茨城

D「先日、奈良で暮らす弟が実家に行ったとき、『食事の宅配サービス』の利用を申請してくれました。お弁当を手渡ししてくれるので、父の安否確認になりそうです」

太田「遠距離介護の準備が進んでいますね。弟さんとも情報共有できて、よかったですね。じゃあ、次は、お父さまに今後のことを聞いておくといいですよ」

D「今後のことって？」

太田「将来、介護が必要になったら、どうしたいかってことです」

D「どこで暮らしたいかってことですか？　確かに、これまでしっかり希望を聞いたことはないですね。他にも聞いておくほうがいいことってありますか」

どこで介護を受けたいか

　いまは身の回りのことができても、今後はどうなるか分かりません。多くの親は「できるところまで在宅で」と考えていますが、なかには、

「早めに施設に」と思っている親もいるかもしれません。一方、「この家で死にたい」と強く希望する親もいます。Dさんの父親は次男が奈良にいるので、「将来は奈良で」と考えている可能性もあるでしょう。

たとえ希望を聞いても、それを実現できるとは限りませんが、希望を知らないと、いざとなったときに、どちらの方向に向かって進むことが親の幸せにつながるのか分からず悩むことになります。大切な親の人生の最終章です。話をすることで、親も自分自身の気持ちと向き合う機会になるでしょう。

Dさんの親は1人暮らしですが、両親が揃っている場合、父親と母親の考えが異なるケースもあります。話すことで、両者に気持ちのすり合わせをしてもらえると、子としては助かります。

どんな暮らしをするにしても費用はかかります。資金計画についても話し合っておきたいものです。お金のことは4章で考えましょう。

延命措置を望むかどうか

また、将来、治る見込みがない状態となったときに「延命」を望むかどうかも聞いておきたいことです。いよいよとなったときに親の意思が分からず、頭を抱え込む子を大勢見てきました。詳しくは6章で説明しますが、親が元気だからこそ聞けることです。弱って伏せている親に「延命措置をどうする？」などと聞けるはずがありません。

自滅する人 ▶▶▶

倒れてもないのに、「どうしたいか」とは聞けない

自分の人生を大切にする人 ▶▶▶

倒れる前に、「どうしたいか」を聞く

6 自分の親は 原則自分で介護

▋▋▋ 自分の親は北海道、妻の親は九州……

Fさん（40代男性）既婚・東京　　両親（70代）北海道

F「僕の実家は北海道ですが、妻の実家は九州です。妻の親は在宅へのこだわりが大きいらしく、妻はパートを辞めて、九州にたびたび行っています。これから、どうなっていくのかと不安です」

太田「ひと昔前は、妻が夫の親の介護も行うことが普通でした。けれども、Fさんのところのように同時に倒れたり、妻には妻の仕事や大切にしている時間があるため、『自分の親は自分で介護』という考え方が主流になってきました」

F「おっしゃる通り、妻に、僕の親の介護を頼めませんね」

太田「奥さまがパートを辞められたのも残念でしたね。辞めない方法もあっただろうと思います」

F「突然、双方の親が倒れ、冷静に考える時間がなかったのです。この先、妻が九州に行ったっきりにならないかと心配です。妻が身体を壊したら困るし、年頃の娘のことも気がかりです……」

実子が中心になって

　主となって介護を行うのは、原則、実子だと考えましょう。Ｆさんのところのように、それぞれの親が同時に倒れるケースも珍しくありません。同居介護の場合でも、いわゆる「嫁」が介護者となるケースは少なくなっています。男女問わず仕事を持ち、きょうだいの数が少なくなっており、女性が介護を担うべき、という考え方は古い価値観となりつつあります。

　とりわけ結婚後、遠距離に住んでいるケースでは、配偶者の父母と一緒に暮らした経験はほとんどなく、会う頻度も年に1、2回くらいだったのではないでしょうか。そのような関係性の薄い義娘や義息子から、「介護保険を申請しよう」「ヘルパーを利用しよう」と提案されても、親にとって「余計なお世話」となりかねません。マネジメントの「リーダー」になるのは「実子」、配偶者にできるのはその手伝いだと思います。

大きな決断をする際には配偶者と相談

　Ｆさん夫婦の親は、相次いで倒れたため、何の準備もしていなかったとのことです。心の準備がないと、Ｆさんの妻のように、仕事を辞める決断をするケースは多く社会問題となっています。

　離職すると、世帯としての収入は確実に減ります。P68の図表の通り、男性で4割ダウン、女性で半減という現実があります。相談もなく辞めれば、一方の負担が大きくなり、「これから、どうするの？」「困る！」となりかねません（シングルの場合はそもそも自分1人なのですから、なおさらです）。

夫婦仲にヒビが入るのを阻止

　親が倒れてからでは、心のゆとりも時間的ゆとりもないので、倒れる前に、両方の親をどのように支えていくか話し合っておきたいものです。Ａさんの夫もそうだったように、「親が倒れたら、うちに来てもら

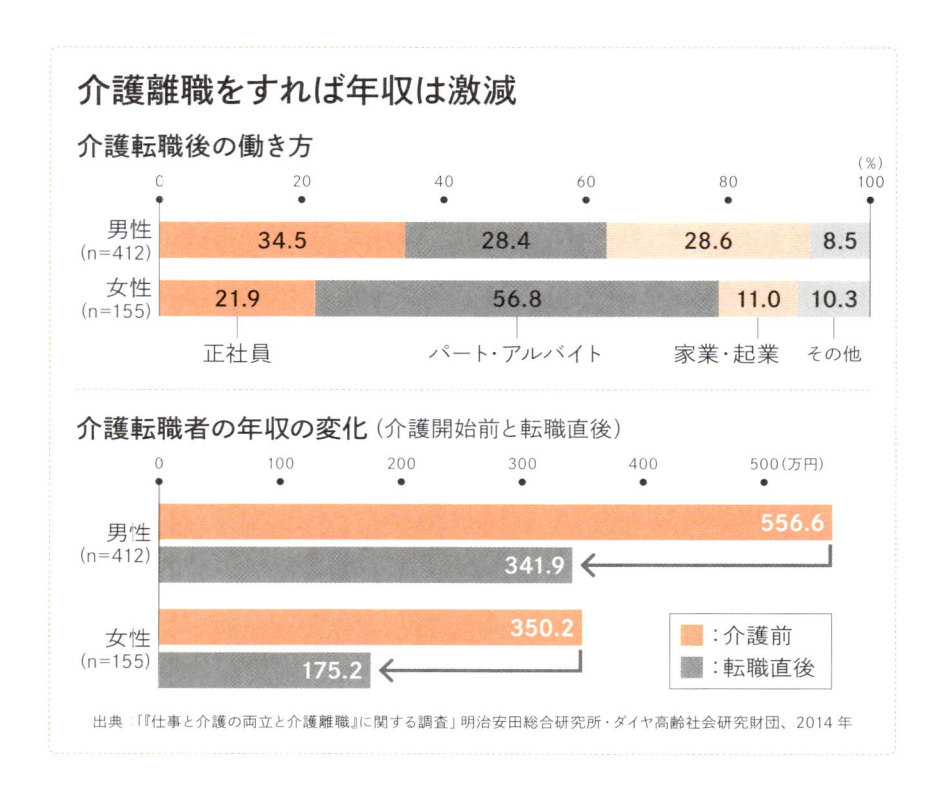

介護離職をすれば年収は激減

介護転職後の働き方

	正社員	パート・アルバイト	家業・起業	その他
男性 (n=412)	34.5	28.4	28.6	8.5
女性 (n=155)	21.9	56.8	11.0	10.3

(%)

介護転職者の年収の変化 (介護開始前と転職直後)

	介護前	転職直後
男性 (n=412)	556.6	341.9
女性 (n=155)	350.2	175.2

(万円)

：介護前
：転職直後

出典：「『仕事と介護の両立と介護離職』に関する調査」明治安田総合研究所・ダイヤ高齢社会研究財団、2014 年

おう」と決めている人もいます。しかし、「そのとき言えば、分かって くれるだろう」と考えているのか、配偶者には話していない人も……。

「配偶者がどのように考えているのか分からないが、『同居したい』と 言われても困るから、その話はあえてしないようにしている」という声 を聞くこともあります。確かに、先送りしたい話題ではあるかもしれま せんが、倒れてからでは話し合うゆとりがありません。

また、病気や介護だけでなく、突然の自然災害を起因とした理由で夫 婦間にヒビが入ってしまうこともあります。

■■■ 親のことをきっかけに離婚……

> F「実は姉夫婦が大変だったのです。義兄の母親が新潟で1人暮らしをしていたのですが、新潟県中越地震のとき、義兄が『余震が落ち着くまで』と母親を東京の自宅に呼んだのです」

> 太田「お姉さまの意見を聞かずに？」

> F「はい、なし崩し的に。いったん東京にやってきた母親は70歳過ぎで若かったこともあり、新潟に帰ろうとせず……。姉との折り合いが悪くなりました。でも、『新潟に帰れ』とは言えないでしょ。もめた末に新潟に戻りましたが……。その後も、夫婦関係がぎくしゃくして、結局、姉夫婦は離婚しました」

親のことが原因で夫婦が離婚に至るというのは悲しいことです。しかし、誰にでも起こりうることです。

Fさんの場合も、もし妻が九州での生活を主とするようになれば、危機が訪れる可能性があります。親を大切にし過ぎると、配偶者からすると、「どっちが家族？」と不満が出ることがあります。1年などの期間限定ならともかく、5年、10年と長期化するかもしれないのですから。

自滅する人 ▶▶▶

配偶者に対し、
「そのとき、言えば分かってくれる」と考える

自分の人生を大切にする人 ▶▶▶

配偶者に分かってもらうには
「丁寧な事前の対話が必要」と考える

7 きょうだい間での役割分担の話し合い

▌▌▌ 腰が引けているきょうだいへの対応

👤 Eさん（30代男性）シングル・長野（母親（65歳）、祖母（90代）と同居）

E「僕は仕事を辞めて実家に戻ったのに、妹は何やかやと理由をつけて介護から腰が引けているのですが、どう言えばやってくれるでしょう」

太田「遠距離介護で難しいのは『きょうだい関係』と断言する人も少なくありません。法律上は親に対しての扶養義務を等分に負っていますが、さまざまな事情で等分に関わることは難しいのが実情だと思います。家族構成も経済状態も違いますし……」

E「はい、妹が寄り付かないと腹が立ちます。一度、怒ったら、『アニキは、自分の好きで介護離職したんでしょ。私は頼んでいない』と言われ啞然としました」

太田「何とかしてきょうだいを介護に参加させようと頑張る人もいますが、うまくいかず疲弊していかれることが多いです……。そんな様子を1人っ子の人が見ると『1人でよかった』とおっしゃいます」

不満をため込まずに早めに相談

　夫婦間だけでなく、きょうだい間での話し合いも大切です。別々に暮らすようになって長い年月が流れているはずです。「分かってくれるだろう」と考えるのは禁物です。価値観や経済状況、家族構成も違ううえ、親との相性や関係性にも温度差があります。

　Eさんのように一生懸命に親と関わる者がいると、その他のきょうだいは「静観」という態度に出ることが珍しくありません。そして、「やる人」「やらない人」の構図ができあがります。さらに、Eさんのように、「好きでやっている」とまで言われることも……。

　腰が引けているきょうだいを引き入れる妙案はありませんが、なるべく早い段階でしっかり話し合うことが必要だと思います。不満をため込むと、いつかキレ、怒鳴り声をあげ、ますますこじれていきます。

　4章で説明しますが、お金のことについても早い段階できょうだいと話し合いたいものです。

1つのプロジェクトとして一緒に乗り切る

　話し合いを持てたら、きょうだいがバラバラに動くのではなく、同じ方向を向くことが大切です。P53で説明したマネジメントです。親の介護を1つのプロジェクトと考え、それぞれ得意分野を担います。親のかかり付け医やケアマネジャーとの窓口を決めたり、介護にかけられる予算を立てたりすることも必要です。契約や同意書への署名捺印は誰が担うのかなども決めなければいけません。

　それぞれが遠方に暮らしているときは、時には顔を合わせての作戦会議も必要ですが、偶数月は長男、奇数月は長女というようにローテーションを組めば、通いの負担を軽減しつつ効率的に親の生活を見守ることができます。

　また、親のことでなにがしかの行動を起こす場合は、原則「事前相談」を。知らない間にことが進むと、「自分がいなくてもだいじょうぶ」

とか、「自分は頼りにされていない」と感じさせることがあるようです。問題が起きると、「それ見ろ、言わんこっちゃない」と責められることにもなりかねません。

▋▋ 妹に相談せずUターンしたことが間違いだった?

E「父が亡くなり、祖母の介護を行う母の具合が悪くなったときに、『長男の僕が何とかしなければ』と思いました。『長男』と特別視されて育ったわけではないのですが、なぜだかそう思いましたね」

太田「『長男』という思いから、介護を抱え込む男性をときたま見かけます」

E「妹は結婚して姓もかわっていますし、僕の役目だと思ったんです。あっ、だから『頼んでいない』って妹から言われたんですね(苦笑)」

やり過ぎず、やらなさ過ぎず

「A happy medium」という言葉を聞いたことがあるでしょうか。

英和辞典で調べると、「中庸」とかと出てきますが、イギリスなどでは「そこそこの幸せ」という意味で使うこともあるそうです。ビジネスでは「折衷案、妥協案」という意味で用いられています。

親の介護に向き合う際、この言葉はいい指標になると思います。自分自身の暮らしだけでも幸せに生きていくのは簡単なことではないのに、自分以外の人(多くは「親」、Eさんの場合は「祖母と母親」)の暮らしまで抱え込むことなど到底不可能です。

思いやりの気持ちを持ちすぎると、自分の生活を犠牲にすることにな

りkeます。そして頑張れば頑張るほど、きょうだいは腰が引けていくケースも。巻き込まれたくない、という気持ちになるのではないでしょうか。

「そこそこ」を目指せば、案外、きょうだいとうまく連携していくこともできるかもしれません。

それでも、やってくれない場合は？

親との確執があるなど、当事者にしか分からないことがあるのかもしれません。深追いしても、事態は好転しないケースが多いです。その場合は、「最初からきょうだいはいなかった」と思うほうがラクだという声を聞きます（そう言えるようになるまでは、葛藤があり、時間がかかるようですが……）。

逆に、1人っ子で「自分しかいないこと」に悩んでいる人もいると思います。しかし、きょうだいがいても、うまくいくとは限らないのですから、「1人でラッキー」と考えるようにしましょう。いまさら、環境を変えることはできないのですから。

実際、きょうだいのことを考えなくていい場合、自分のペースでできるのでやりやすい面もあります。きょうだいと連携しても、思うように動いてくれるとは限りません。自分が行ったほうが早い、かも。

きょうだいと連携できれば、それぞれが年に6回帰省すると、毎月様子を確認できるでしょう。自分1人だからといって、1人で12回帰省しなければと考えず、6回にしておく。それでも、「そこそこ」様子を確認できます。

自滅する人 ▶▶▶

きょうだい協力しあい、最大限の親の幸せを目指したい！

自分の人生を大切にする人 ▶▶▶

きょうだい協力しあい、そこそこの親の幸せを目指したい！

8 笑ってほしい！
前向きな気持ちをなくした親に生気を取り戻してもらう

母親に元気になってもらいたい

Eさん（30代男性）シングル・長野（母親（65歳）、祖母（90代）と同居）

E「父親が亡くなってから、母は元気がないんです。祖母が施設に入り、僕が東京に戻ったら、母は1人になります。ウツにならないか心配です」

太田「高齢者のウツは多いので、確かに心配ですね。だからといって、Eさんがずっと傍にいても、元気がないんですよね」

E「そうなんです……」

太田「もし、ウツを疑うのであれば、専門医を受診してもらうほうがいいと思います。薬がよく効くこともあります。それほどでもないなら、何かお母さまに楽しみとなる目標を設定してみることも一案です」

E「目標って、どんなことですか」

数カ月先に楽しみになるイベントを設定

親に元気がないと、離れて暮らしていると気がかりなものです。だからといって、ずっと一緒にいれば元気になるというわけでもないので、

罪悪感を抱く必要はないと思います。

　ウツであれば受診しての治療が必要になるでしょう。それほどでもない場合、少し先に楽しみとなるイベントを企画すると前向きになってくれることが多いようです。体力的に問題がないなら、「旅行を企画」という声をよく聞きます。例えば、親と自分（可能ならそれ以外の家族）で一緒に泊まれる旅館を予約する。病気やケガで入院した親に対しても、「3カ月後に○○へ行こう」などと提案すると、回復が早いという声をよく聞きます。

　また、親の誕生日には一緒に旅行、と決めている人もいます（行き先は体力や諸々の事情により近場から海外まで）。戻ったら、来年の誕生日のことを考え始めるので、落ち込む期間を作らずに済むようです。心身の具合によっては、「食事会」を企画するだけでも生活に張りが出るという声を聞きます。外食に限ったことではなく、親の誕生日には親の自宅で集まり、親の好物を食べる、という人もいます。

　草花の好きな親には、花や実をつける植物を贈るのも一案です。少しずつ成長する様は日々の楽しみになりやすく、花や実を見ることが目標となります。

　一方、親に元気になってもらおうと、「毎月、必ず顔を見に来るよ」とは言わないほうがいいと思います。当面はできても、5年、10年継続するのはたやすいことではありません。言葉にすると、親にとっては「毎月来るのが当たり前」となり、続かなくなると「冷たくなった」と泣かれたり、恨み言を言われたりする可能性が高いです。

自滅する人 ▶▶▶

親を喜ばせるために、「毎月、顔を見に来る」と約束する

自分の人生を大切にする人 ▶▶▶

親を喜ばせるために、負担なくできることを検討する

バリアフリーリフォームは必須?
自立して暮らせる期間を長くする

▐▌ 2階リビングは危険か

 Dさん（50代男性）既婚・アメリカ ● 父親（80代）茨城

D「質問ばかりですみません。実家はリビングが2階なので転倒、転落が心配です。父が動けるうちに1階に変更しておくほうがいいでしょうか」

太田「遠距離介護を行う心構えとして、親が1日でも長く自立した暮らしを継続できる環境を構築しておくことが大切です。でも、2階リビングが危険とは一概には言えません」

D「階段、危なくないですか?」

太田「階段があるから足腰が鍛えられたり、明るくて気持ちよく過ごせるメリットもあるでしょう。まずは転落しそうになったことがないか聞いたり、危険がないか観察してみましょう。手すりや滑り止めの設置が有効な場合もあります。床にあるモノを撤去したり、コード類を整理、スリッパを見直すことのほうが先です」

親の暮らし振りを観察して「不自由」「危険」を撤去

　高齢者の家庭内事故はとても多く発生しています。事故の発生場所は、「居室」が45.0％と最も多く、「階段」18.7％、「台所・食堂」17.0％

となっています（平成 30 年版高齢社会白書）。

こうした事故を防ぐためには、一軒丸ごとバリアフリーにリフォームするのも一案ですが、高齢になってからだと、新しい間取りや設備に馴染むことが難しいケースもあります。案外、何十年も暮らした環境だと、身体が馴染んでおり転倒しないケースもあります。また、火は心配だからと、ガスコンロを IH に交換したところ、「親が炊事をできなくってしまった」という声を聞くこともあります。

帰省した折には、親の生活動線を観察して危険を防ぐ手立てを考えたいものです。転倒、転落したことがないか、直接聞いたうえで、床を這うコード類や、滑りやすいスリッパなどは何とかしましょう。

ただし、2 階リビングの場合、上り下りできなくなったらどうするか、については考えておくほうがいいでしょう。1 階だけで生活する、階段昇降機を設置する、施設を選択する……、など。親と話し合えば、もしかすると「いまのうちに、1 階リビングに変える」と言うかもしれません。それならそれでリフォームを検討しましょう。

手すり設置や段差撤去は介護保険や自治体サービスで

手すりを備えたり段差を撤去したりしたいなら、介護保険で 20 万円の工事まで行えます。両親揃っていたら 40 万円分です。ケアプランを作成してもらう際に相談しましょう。自治体によっては、介護保険とは別枠で住宅改修を助成しているところもあるので確認を。和式トイレは洋式に変更できるケースが多いです。

自滅する人 ▶ ▶ ▶

2階リビングは危険、と将来に備え間取り変更を強行

自分の人生を大切にする人 ▶ ▶ ▶

上り下りできなくなったらどうするかを考えておく

10 免許証を返納してほしい
運転をやめない親への説得方法

■ 車体に複数のキズが……

F さん（40代男性）既婚・東京 ● 両親（70代）北海道

F「父が認知症の母の介護をしています。母だけ施設に入ってもらうことも検討しましたが、1点、問題があります。父は元気とはいえ、車の運転が確実に下手になっており、車体にはいくつもキズが……」

太田「お母さまだけが施設に入ると、会いに行くために、これまで以上に車に乗る頻度が上がるというわけですね」

F「いまは、通院や買い物などの際に運転しています。免許証の返納を勧めていますが聞く耳を持ちません。母だけが施設に入ると、父に運転するための『口実』にされそうで」

太田「難しい課題ですね。遠距離だと、日常的に親の代わりに運転することができないので、"免許返納"は多くの人の悩みとなっています」

返納した場合の生活方法を提案

都市部では公共交通機関が充実していますが、特に地方では便数が少なく、「車がなければ生活できない」という事情があります。そのため、

子が免許の返納を勧めても、親は拒否するケースがとても多いのです。利便性の問題だけではなく、親の「プライド」の問題もあります。

では、親から拒否されたらどうすればいいのでしょう。

自主返納すると、自治体によっては公共交通機関の割引やタクシー運賃の補助などを受けられるところもあるので、メリットを調べてみましょう。あわせて、個別宅配してくれるスーパーや生活協同組合、ネットスーパーなどの情報も調べて提案してみます。送迎サービスを実施している社会福祉協議会もあるので問い合わせを。

一方、車の年間維持費をあぶり出し、タクシー料金と比較してみるのも一案です。案外、タクシー利用にするほうが安くなるケースもあります。

それでも、親が自主返納を拒むケースは？

「エンジンオイルを抜いて壊れたことにして廃車にした」とか、「交番に連れていき、おまわりさんから説得してもらった」などの声を聞くことがあります（親の性格によっては、余計反発を招くかもしれません）。

人の命に関わることなので見逃せない程度に危険なら、何としても説得が必要になりますが、そこまでではないのなら、「夜は乗らない」「慣れた道しか乗らない」などの約束をとりつけるところから始めましょう。また、Fさんのところの場合、母親の入居施設は、できるだけ実家から近いところで検討を。場合によっては、当初案通り、両親揃っての入居も選択肢となるのかもしれません。

自滅する人 ▶▶▶

「運転は危険だ」と有無を言わせず鍵を取り上げる

自分の人生を大切にする人 ▶▶▶

危険な理由、手放した場合の生活方法を話し合う

いつまで? どうなる?
遠距離介護の将来見通し

▌▌ 親は「この家で死ぬ」と希望……

Aさん(50代男性)既婚・東京 ● 両親(80代)長崎

A「遠距離介護でも、親の『この家で死にたい』という希望をかなえられるものなのでしょうか」

太田「遠距離介護を行うたくさんのケースを見てきましたが、現実的には、1人になっての『最期まで在宅』はそれほど多くはありません」

A「将来的な見通しを立てておきたいのですが、どういう経過をたどる親御さんが多いのですか」

太田「年齢的に、先に父親が要介護になり、そのうち母親も介護が必要に。父親は在宅のまま亡くなるケースが少なくないですが、1人暮らしとなった母親は介護度が重くなると施設に移行するケースが多いです」

ひとり暮らしで要介護4以上になると施設入居が多い

　両親が揃っていたら、元気な親が主たる介護者となれるので「最期まで自宅」の希望をかなえられるケースはそこそこあります(ただし急変などを経て、病院で死を迎えることが少なくありません)。

1人暮らしでも要介護2か3くらいまでなら、介護保険の居宅サービスを利用して自宅で暮らし続ける親は大勢います。

しかし、認知症などによって火の始末が難しくなったり、徘徊などの症状が出てきたり、認知症はなくても1人でトイレに行けなくなったりした段階で、施設に移る親が多い印象です。P77で説明したように、階段の上り下りが難しくなり施設に移行するケースもあります。

一方、こうした症状はなくても、親の年齢が上がるに従い、「孤独死をさせたくない」という子の気持ちが施設入居を後押ししているケースが多いように思います。

「孤独死をさせたくない」とは

「親に孤独死をさせたくない」と言いますが、よく話を聞くと、その意味合いは2通りあるようです。

①　誰にも看取られずに亡くなることは避けたい
②　数日後に「異臭」によって発見されることは避けたい

もし、①が希望なら、そもそも遠距離介護では難しい注文です。同居や近居であっても、24時間傍にいられるわけではないので、難しい可能性が……。

一方、②を希望するなら、早い段階で施設に移らなくても、毎日、何らかのサービスを入れられれば、24時間以内には発見できることとなります。

みどりさんから聞いた話を紹介しましょう。

▌▌ 看取れなくても仕方ない

> **みどり**「父親（90代）は要介護5で寝たきりでした。遠方の実家で1人暮らしでしたが、仕事や経済的な事情があり、私は月に1回通っていくだけで精一杯。本当は、呼び寄せたかったのですが、父親は『海のにおいのする、この家で死にたい』と強く希望しました。

ケアマネジャーに相談したところ、『引き受けます』と言ってもら
え、介護保険内で毎日、日に複数回短時間ホームヘルパーさんや
看護師さんが来てくれる『定期巡回・随時対応型訪問介護看護サ
ービス』を利用して在宅を継続しました」

　　　太田「ケアマネジャーが理解のある方でよかったですね」

　みどり「朝来てくれるヘルパーさんは、『死んでいないか』とドキ
ドキだったようですよ。でも、本人の意思だったので、皆で支えま
した。寝たきりになって4年後に、父は在宅のまま亡くなりました
た」

地域の社会資源の充実度にも影響される

　最期まで在宅が可能かどうかは親本人の心身の状況と意思、それを支
えようという周囲の覚悟、そして社会資源の充実度によるのではないで
しょうか。

　みどりさんの父親が利用した「定期巡回・随時対応型訪問介護看護サ
ービス」とは、介護が必要になっても住み慣れた家庭でできる限り生活
ができるよう設けられた、訪問介護・訪問看護を24時間の連絡体制で
支えるサービスです。

①　1日複数回の定期的な訪問
②　24時間いつでも連絡がつく安心
③　要請に応じて24時間対応での随時訪問

　この3つのサービスがセットで、1カ月当たり定額で利用することが
できます。対象は要介護1以上の認定を受けた人です。ただし、自治体
によっては実施しておらず、利用できない地域もあります。

　このサービスを利用できない場合は、小規模多機能ホーム（詳細
P173）などの利用も選択肢となるかもしれません。

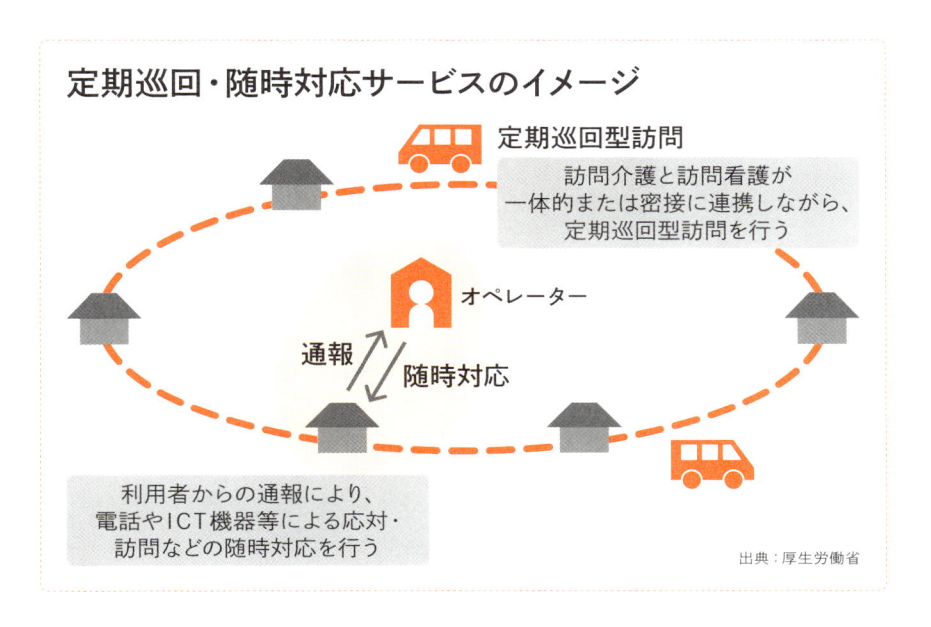

定期巡回・随時対応サービスのイメージ

定期巡回型訪問

訪問介護と訪問看護が
一体的または密接に連携しながら、
定期巡回型訪問を行う

オペレーター

通報　随時対応

利用者からの通報により、
電話やICT機器等による応対・
訪問などの随時対応を行う

出典：厚生労働省

　子の気持ちだけではどうにもならないことも多いので、地域包括支援センターやケアマネジャーともよく相談の上、可能な方法を探りましょう。それでも、状況が許さない場合もあります。ひとつの方策に固執すると、子の自滅につながるので注意が必要です。

自滅する人 ▶▶▶

「孤独死」とは誰にも看取られずに亡くなること、と考える

自分の人生を大切にする人 ▶▶▶

「孤独死」とは数日後に異臭によって発見されること、と考える

なぜ親は
何でも拒否するのか?

100歳以上の高齢者は1963年には全国で153人でした。1981年に1000人を超え、1998年に1万人を突破。2019年に7万人超となりました。

現在の親世代は、ここまで日本が長寿になるとは思っていなかったでしょう。彼らには、この長生きの時代を生きるロールモデルがいません。それは、彼らを支えることになる本書の読者にも通じることです。どのようにして親を支えればいいのか分からない。

老いれば自らできない動作が増えていきます。本人の責任ではなく、自然な流れです。そして、望んでも、拝んでも、めったに「ピンピンコロリ」とはいきません。つまり、誰かの世話にならざるをえないということです。サービスを利用するか、家族に頼るか……。いまの親世代は、ロールモデルがいないがためにその現実を直視できないのかもしれません。かといって、時代のはざまで子が「自滅」するのは避けましょう。

社会資源を使い、やさしい子からマネジメント上手へ。

● 100歳以上は増え続けている

年	100歳以上人数	男性平均寿命	女性平均寿命	現85歳親の当時年齢
1963	153（人）	67（歳）	72（歳）	29（歳）
1981	1072	73	79	47
1998	10158	77	84	64
2019（公表）	71274	81	87	85

出典：厚生労働省の資料より作成

3章

「自分の暮らし」を
守り抜くコツ

家族だけではムリ……
「ぽっと出症候群」ではなく 「助けて！」と頼り上手に

▌ 抱え込まない

Bさん（40代女性）既婚・埼玉 ● 両親（70代）新潟

B「先日、帰省したので、介護保険の申請をしようと地域包括支援センターに行ってみました」

太田「いかがでした？」

B「親切でした！父が、『他人の世話にはならない』と言って介護保険の申請を拒否している話をしたところ、『様子を見に行ってみます』と言ってくれました」

太田「よかったですね。介護の専門職とつながることで、家族だけで抱え込むことを防げます」

B「はい、妹には『仕事を辞めないでやっていこう』と言いました。それに、P21の『ウソも方便作戦』を試したところうまくいったんです！近々、父を認知症の専門病院に連れていく予定です」

「相談上手」とは?

　介護で困ったことや悩みが生じたら、地域包括支援センター（P18）へ。センターで対応が難しい場合は最適な窓口を紹介してくれるはずです。

一方、親の医療面で悩むこともあるでしょう。時々でも親の通院に同行すれば、主治医とも顔馴染みになり、相談しやすくなります。医師も「人」なので、「遠くから心配して通ってくる子」だと分かると、電話での相談にも対応してくれるケースがあります。

親の入院中に悩みが生じたときには、病院の相談室を活用しましょう。「地域連携室」などの名称で呼ばれており、医療ソーシャルワーカーが在籍し、入院患者やその家族の相談に対応します。

いずれも、親にとっては子よりも傍にいる身近な存在です。上手に付き合って味方になってもらいたいものです。

相談する際には事前に悩みを整理して、聞きたいことを箇条書きにまとめておくことをお勧めします。だらだらと話すと、なかには「イラっ」とする人もいるかもしれません。

聞いたことはメモを取りましょう。介護や医療の言葉は難しいので、すぐに理解できないこともあります。メモを取っておくと、後からネットなどで調べられるのでお勧めです。次回、問い合わせるときのために、対応してくれている人の名前を聞くこともお忘れなく。

ただし、どの窓口にもいえることですが、いろいろな相談員がいます。親身になってもらえなかったり、冷たい対応をされたりしてもあきらめず、日を置いて、別の相談員に当たってみましょう。

「援助希求力」を高く

社会心理学の領域には「援助希求」という言葉があるそうです。悩みを誰かに話したり、誰かに助けてほしいと求めたりすること。しかし、この力には男女差があるといわれています。女性は助けを求めることに抵抗が少なく、情緒的支援や社会的サポートを受け入れやすいのに対し、男性は「自分で対処できる」と考える傾向があるとか……。

確かに、遠距離介護を行う人々と接していても、この傾向が如実に感じられることがあります。男性は抱え込みがちなのに対し、女性は、「助けて」と声を発するのが上手であるように見受けられます。一例を

あげると、遠距離介護にかかる交通費。筆者が講演などで、「親に経済力があるなら交通費も親からもらいましょう」と話すと、多くの女性は「そーだ、そーだ、その通り」と頷きます。一方、男性は複雑な表情になり、「年老いた親から交通費などもらえない」と言います。あまりに男女差が如実に表れ興味深ささえ覚えるのですが、「援助希求力」に通じると思えば合点がいきます。

そんななかでも、マキコさん（50代）は、特に援助希求力に長けた女性だと思います。聞いた話を紹介しましょう。

▋▋ 「困った」ら声を出す

マキコ「困った、困ったと誰かれ構わず言ってると、助けてくれる人がいるものです（笑）」

太田「どうされました？」

マキコ「母が特別養護老人ホーム（特養）待機になったとき、会う友人、知人ごとに『困った、困った』と言ったところ……。友人の1人がご家族に話したようです。すると大工さんのご主人が、『いまの現場、特養だよ』と。その情報をすぐに母親の担当ケアマネジャーに伝えると調べてくれ、建設中の新設特養だと判明しました」

太田「すごい偶然ですね！」

マキコ「即申し込み、オープンとともに母親は入居できました」

「ぽっと出」と言われないよう注意！

援助希求は大切ですが、「自分が正しい」と自信満々に親の地元の人

ぽっと出症候群とは

● 普段は親の傍にいない子供
● たまにやってきて、
　医師やケアマネジャーに「あ〜だ、こ〜だ」と言い、現場をかき乱す

例：病院の診療室で。初めて子が付き添ってきて……

医師　「お父さまには、現在、○○という薬を服用いただき、
　　　　様子をみているところです」
父　　「先生のおかげで、だいぶ良くなりました」
子　　「父はこう言いますが……。知り合いの医師に聞いたのですが、
　　　　このような症状だと、△△という検査はしていただいたほうが
　　　　いいのでは。なぜ、検査をしないのですか。
　　　　機器がないのであれば大きな病院で……（クドクド）」

に声を発することは慎むほうがいいでしょう。

　遠距離介護を行う子は、普段は親の傍にいないので状況を理解しきれていないことも多いです。なのに、「その治療法は……」などと文句をつけ現場をかき乱してしまうことがあります。おかまいなしにまくしたてる都会人は少なくないらしく、医師らの間では、「ぽっと出症候群」と呼ばれています。「東京者は困る」と話す医師もいます。

　助けを求めるときには、現状を理解したうえで！（とはいえ、明らかに先方の勉強不足と言いたくなることもあります。そんなときは、一度深呼吸して言い方に注意を）

自滅する人 ▶▶▶
困ったことが起きても、自分で何とかしようと考える

自分の人生を大切にする人 ▶▶▶
思ったことが起きたら、助けを求める

2 専門職と相談しつつ 課題に合うサービスを

▌▌ 目的を明確に

Bさん(40代女性)既婚・埼玉 ● 両親(70代)新潟

> **B**「実家近所の妹の負担を軽減するには、どのようなサービスを使えばよいでしょう」

> **太田**「まず、ご両親は何に困っていて、妹さんはどのような負担を強いられているかを整理してみるといいですよ。課題が分かれば、解決するための方法を考えられるので」

> **B**「なるほど！　確かに闇雲にサービスを入れればいいというものではありませんね。父を1人にできないので、妹は母が買い物に行くときに留守番に呼ばれているようです。留守番だけならいいのですが、母の愚痴を延々と聞かされ、なかなか帰れないようで。母は大好きな手芸教室に行けなくてストレス過多のようです」

母親のストレス軽減が妹を救う!

　Bさんの妹が頻繁に実家に行く理由は2つでした。母親が買い物などで出かけるときの留守番と愚痴の聞き役。では、どのようなサービスを使えば、これらの課題を解決できるでしょう。

　買い物に限定すれば……、

　①　生活協同組合などのカタログショッピングを利用する。

② ネットスーパーを利用する（親がネットを利用できないなら、子が注文を代行）。

③ 食事の宅配サービスを利用する。

これらのサービスを利用することで、「留守番」の必要性を少なくすることができるでしょう。ただし、母親にとっては、出かける必要がなくなると、父親と2人で家にいる時間が増えるため、一層ストレスがたまり、妹の負担は減らない可能性があります。そこで考えられる方法は……。

④ 母親が買い物などに出かけられるように、ホームヘルパーに来てもらう。

⑤ 父親にデイサービスに通ってもらって、その間に母親は買い物や手芸教室に出かける。

根回しが大きな力となることも

課題を整理できても、そもそも介護保険の申請さえ嫌がっている父親が、デイサービスの利用を受け入れるかどうか疑問です。

近々、地域包括支援センターの職員がBさんの実家を訪問してくれることになっています。その日までに電話ででも、Bさんの考えを伝えておきましょう。「母親が買い物や手芸教室に行けるようになれば、母親自身、そして妹のストレスも軽減すると思います。ただ、両親はサービス利用に抵抗があるようです」と。話しておくことで、訪問する職員は両親の気持ちを探ってくれ、利用したくなる方向に舵取りしてくれるはずです（一度ではなかなかうまくいきませんが）。

自滅する人 ▶▶▶

サービスを入れさえすれば何とかなると、闇雲に入れる

自分の人生を大切にする人 ▶▶▶

課題を軽減してくれるサービスを入れる

3 どう選ぶ？
ケアマネジャーとは
二人三脚で親と向き合う

ケアマネは頼りにできる!?

Bさん（40代女性）既婚・埼玉 ● 両親（70代）新潟

B「もし、父が『要介護』となれば、どのようにケアマネジャーを選べばいいのでしょう」

太田「多くは、実家の近所の事業所や、親がかかっている病院に併設事業所があればそちらに、『ケアマネジャーを依頼したい』と電話されます」

B「誰を選ぶかで、今後への影響は大きいですか」

太田「ケアマネジャーの多くはとても親切で親身になってくれます。でも、なかには頼りにならない人も……」

B「えっ!?」

ケアマネジャーの選び方

通常、親の要介護度が要介護１以上と出ると、役所からケアマネジャーが所属する事業所の一覧表を渡されます。そのなかから自分たちで選ぶのですが、どこを選べばいいか途方に暮れることがあります（自立、もしくは要支援と出たら、引き続き地域包括支援センターが対応）。妙

案があるわけではありません。ここで時間をかけ過ぎても前に進まないので、最初は、「受け身」の姿勢でとにかく前進を（ケアマネは後からでも変更できます）。実家の近所の事業所や、親がかかっている病院に併設事業所がある場合はそこに依頼すればいいでしょう（P188の「介護サービス情報公表システム」も参考にできます）。

ケアマネジャーは月に1回程度、親のところを訪問してくれますが、遠距離介護の場合、子は顔を合わせられる頻度が限られるので、事前に、連絡方法を決めておくといいと思います。地域包括支援センターの職員にしても、ケアマネジャーにしても、多忙に走り回っており事務所にいないことが多いので、「メール連絡OKの人だと助かる」という声を聞くことがあります。しばらく付き合って、「頼りない」とか、「サービス過剰」とか不満が出てきたらP95のような手順で変更できます。ただし人口の少ない地域では事業所の数が限られており、選べないケースもあります。選べる場合も、「青い鳥症候群」にならないよう気をつけたいものです。事業所を変更すれば契約をやりなおし、イチから関係性を再構築していく必要も生じますから。

また、「変更なんて言いづらい」との声をよく聞きますが、「親との相性が悪いから」と親のせいにしてしまえば角が立ちません。

しっかり連携！

ケアマネジャーが決まれば、現状や、不安に思っていることをしっかり伝えましょう。「こんなことを言うと、驚かれる」とか「恥ずかしい」と思うこともあるかもしれません。しかし地域包括支援センターの職員にしてもケアマネジャーにしても、さまざまなケースに向き合っており、たいていのことでは驚かず、力になってくれるはずです。親の生活はもちろん、あなたの生活を守るためにも連携を図りたいものです。

P87で紹介した「援助希求力」に長けたマキコさんは、母親の介護が始まった当初もケアマネジャーに助けられたそうです。サービスを受け入れない母親にどう対処したか教えてくれました。

■ 親のヘルパー拒否に勝利!

マキコ「母の介護が始まった当初、水回りが不潔で臭いがするのが気になってホームヘルプサービスを入れようと考えたのです。でも、母は『他人が家に来たら疲れる』と言うんですよ」

太田「で、どうされましたか?」

マキコ「ケアマネさんに相談して、一芝居打ちました（笑）。帰省したときに、ヘルパーを『私の友人の〇〇』と偽って母に紹介したんです」

太田「なるほど!」

マキコ「2回目と3回目も、私の帰省時に来てもらいました。2回目訪問時には『あっ、同級生の〇〇が来た!』と言って居間に通し、母にはお茶を出してくれるよう頼みました。3回目は母も世間話に参加していました。そして、4回目は私がいないときに来てくれて、インターホンで『マキコさんの友人の〇〇です。トイレを我慢できない。貸していただけませんか』と言って家に入りトイレ掃除をしてくれたんです。以降は、少しずつ滞在時間を延ばしてくれました」

自滅する人 ▶ ▶ ▶
ケアマネジャーが決まれば「おまかせします」と言う

自分の人生を大切にする人 ▶ ▶ ▶
ケアマネジャーが決まれば二人三脚で介護を進める

別のケアマネジャーに変更したいとき

❶ 現在の事業所に相談

複数のケアマネジャーが所属している場合は、
「親との相性が悪いので、別の方に変更していただけませんか」
とお願いする。

❷ 別の事業所に相談

「ケアマネさんに来てもらっていますが、
他の事業所に替えたいと思っています。引き受けていただけますか」
と相談する。

❸ 地域包括支援センターに相談

「ケアマネさんに来てもらっていますが、
○○のような問題があります。どうすればいいでしょう」と相談する。
課題となっている点を具体的に説明すると、
より良い策を提示してもらえる場合も。

＊ 地域包括支援センターは中立な立場なので、原則紹介はしない。
　　しかし、「現在のケアマネは医療面を考慮してくれない」など
　　具体的に相談すれば、看護師出身のケアマネジャーの
　　所属する事業所を教えてくれるなど、アドバイスしてくれるケースは多い。

4 家族以外にも「見守る目」を確保

▌▌ ボタンを押すだけで通報できる

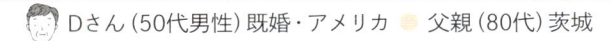 Dさん（50代男性）既婚・アメリカ ● 父親（80代）茨城

> **D**「弟が父に LINE を教えてくれました。できないんじゃ、と思っていましたが思いのほかスムーズに覚えてくれました。3人でグループを作成したので、いままでよりもコミュニケーションは増えました。Wi fi で無料通話も使えます」

> **太田**「すばらしいですね」

> **D**「自治体に『緊急通報システム』というサービスがあるのですが、どう思われますか」

> **太田**「利用できそうなら、使われるといいですよ。緊急事態が起きたとき、ボタンを押せば協力員や警備会社の人が駆けつけてくれる仕組みです」

「いざというとき」の心配軽減にひと役

　親と離れて暮らしていると、「何かあったら」という気持ちが頭から離れない、という声をよく聞きます。

　同居や近居であっても即時の対応は難しいこともありますから、「仕方ない」と割り切ることも必要だと思います。しかし、できることはや

っておく方が、何か起きたときに後悔を残さずに済みます。

「緊急通報システム」は緊急時に親がボタンを押して「具合が悪い」ことをあらかじめ決められた地域のセンターや消防署などに通報する仕組みです。

通報後は、地元の協力員、サービスによっては警備員などが駆けつけて、必要に応じて救急車を手配してくれます。

ペンダント式になっている緊急ボタンが多く、本来は日常的にぶら下げて利用するのですが、実際は、「うっとうしいから」とぶら下げている人は多くはないです。ただし、「入浴の際には脱衣室に置いている」という声をよく聞きます。「お風呂で倒れたらどうしよう」と心配している高齢者が多いからだと思います。

多くの自治体で、「1人暮らし」の高齢者を対象に提供しています。無料、もしくは低価格なので、利用を検討する場合は役所か地域包括支援センターに問い合わせてみましょう。

民間のホームセキュリティサービスにも、高齢者向けに緊急通報ボタンを備えたものがあり、警備員が駆けつけてくれます。

普段通りを知らせるのが「みまもりサービス」

緊急通報システムと似たサービスに「みまもりサービス」があります。親に「変わりはない」ことを確認するサービスです。

自治体の多くが、何らかの「人」による見守りを提供しています。ゴミ出しをサポートしつつ見守ったり、乳酸飲料を手渡し宅配することで見守るものもあります。

Dさんの父親が利用を開始した食事の宅配サービス（P64）もその1つです。原則、手渡しで、もし異変があったら家族に連絡が入る仕組みになっていることが一般的です。

郵便局でも実施しており、定期的に訪問するタイプと、電話での通話タイプがあります。「ふるさと納税」の返礼品として採用する自治体もあります。

主な「みまもりサービス」

内容	サービス提供先
乳酸飲料の個別配布	自治体
弁当の宅配、手渡し	自治体、ボランティア、民間
新聞受けの新聞がたまっていないか確認	自治体
ゴミ出しをサポート	自治体
民生委員などが個別訪問	自治体
月に数日〜毎日、電話で様子を確認	自治体、民間
親の動きや行動をセンサーで察知し、子のスマホに配信	民間

親の暮らす地域にどのような「みまもりサービス」があるかは、
地域包括支援センターに聞いて見よう！

　一方、多くの企業が「機器」を介して見守るサービスを提供しています。その老舗は象印マホービンです。2001年にスタートしたサービスで、親が無線通信機を内蔵した「電気ポット」を使うと、その使用状況が、子の携帯電話またはパソコンにEメールで届きます。お茶を飲む時間帯などをさりげなく見守ることができます。

　他にも、自宅での移動状況や、ガスや家電などの使用状況を離れて暮らす家族に知らせるなど、企業ごとの特色を生かしたサービスがあります。

　普段通りに生活していることを確認できると、必要以上に心配しなくて済むのは、子にとっても精神衛生上大きなメリットといえるかもしれません。

災害に備えた「避難行動要支援者名簿」に登録を

　日頃の見守りや、緊急連絡方法を考えておいても、大地震などの災害

はいつ起きるか分かりません。

　地震や大型台風などの災害時に自力で避難することが困難な高齢者らを支援するために、自治体では「避難行動要支援者名簿」を作成しています。登録しておくと、あらかじめ自治体と避難支援者（制度に賛同した自治会や自主防災組織、近隣住民、民生委員など）が情報を共有し、災害が発生した際に避難誘導などの支援を行ってくれます。

　もちろん、地域の人々の「できる範囲」でのサポートであり、救助が確約されるわけではありませんが、親だけが暮らしている場合の心強い仕組みだといえるでしょう。役所や地域包括支援センターで登録方法を確認ください。

自滅する人 ▶▶▶

いつとはなしに、親のことでハラハラドキドキ

自分の人生を大切にする人 ▶▶▶

ハラハラドキドキしなくても済むように工夫

5 通いがユーウツ……
親元への往復には楽しみをプラス

▌▌ 行ったり来たりは疲れるし、気分が滅入る

Hさん（50代女性）既婚・千葉 ● 父親（90代）愛媛

H「愛媛で父を長期療養させてくれる病院が見つかりそうです」

　太田「よかったですね」

H「ただ、通い続けるのも辛いですよね。夜行バスを利用して、金曜の夜、仕事が終わってから東京を20時に出て松山に着くのが朝8時です」

　太田「12時間!? 夜行バスは安いけれども疲れますね」

H「くたくたです。皆さん、よく続きますね」

同級生に会ったり、洋服を買ったり、マイルを貯めたり……

　遠距離介護のベテラン勢は、通いに「楽しみ」をプラスする術を知っています。親の暮らす場所が故郷であれば、その地域に同級生が暮らしていることがあります。そこで帰省のたびに「友達と飲みに行く！」という声をよく聞きます。また、同郷の友人と、往復を共にする人も。道中は、旅行気分を味わえるというのです。自宅と親の家の途中にある観光地や温泉に立ち寄る、という人もいます。

一方、「帰るたびに、新しい洋服を買う」「アロママッサージに行く」という人もいました（自分へのご褒美）。

飛行機で往復している人に多いのは、「マイルを貯める」という声です。貯まったマイルは、遠距離介護ではなく自身の「旅行」に使うといいます。

楽しみの見つけ方は人それぞれですが、「遊び」が加わると、気持ちはずいぶん違ってくるでしょう。

また、平日は仕事をして週末は親の介護、となれば疲れるのは当たり前です。あえて、実家へは「日帰り」にすることで、「休日」を大切に確保している人もいます。

それに、夜行バスはどこででも寝られる人にとっては寝ている間に安く移動できるので効率のいい交通機関だといえますが、寝られない人にとっては過酷な手段ともいえます。

交通機関の選び方については4章で説明しますが、「安い」運賃にこだわりすぎないことも大切です。

自滅する人 ▶▶▶

帰省するときは、親のためにのみ時間を費やす

自分の人生を大切にする人 ▶▶▶

帰省するときは、「遊び」時間を確保する

うるさいなぁ……
親戚の苦言は
サラリとかわそう

▌▌▌ 世話になるならガマン

Hさん（50代女性）既婚・千葉 ● 父親（90代）愛媛

H「叔父からは『仕事より親だろう』と言われます。親の近所に暮らす親戚との付き合い方は難しいですね」

太田「遠距離介護を行う子の多くが悩んでいます」

H「都会と田舎では考え方が違うので……。叔父は、仕事を優先しがちな私のことが気に食わないようです」

太田「でも、世話になっているのですよね。それなら、グッとこらえて『そうですね、すみません』とサラリとかわしましょう」

手を貸してくれるなら大切な存在

　都会と田舎では考え方に大きなズレがあることがあります。暮らす場所だけの問題ではなく、世代による違いもあるでしょう。子は、オジ・オバの考え方を「古い」と却下したくなりますが、価値観は違って当たり前なので、どちらが「良い」「悪い」とは言えません。

　親の周囲にいる親戚や近所の人たちに腹が立つことがあっても、「そうですね」「すみません」「ありがとうございます」という言葉で「かわす」ことが、結果として親と自分の生活を守ることにつながるケースも

あります。なぜなら、物理的な距離があれば、自分はスグには駆けつけられないのですから……。

　今後も、何かのときには「世話になる可能性」があるのならば、グッとガマン。そうは言うものの、頼り過ぎは禁物。彼らが手を貸してくれているのは、あくまで厚意からです。頼りにするけれど頼り過ぎない、のさじ加減が大切です。ツトムさんから聞いた失敗談を紹介します。

▌▌ 叔母が「甘えるな」と激怒

ツトム「片道6時間の実家で母親が1人暮らしをしています。母親が入院したとき、僕では緊急対応できないからと、近所の叔母に『保証人』になってくれるようにお願いしました」

　　太田「入院費用の支払いや緊急時の連絡対応、不幸にして死亡した際の遺体の引き取りなどを保証するものですね」

ツトム「はい。ところが、叔母の逆鱗に触れてしまいました。『姉妹と、親子の関係はまったく違う。甘えるな』と」

　　太田「ワッ、大変でしたね」

自滅する人 ▶▶▶

自分は遠いからと、何でも近所の親戚にお願いする

自分の人生を大切にする人 ▶▶▶

自分に「できないこと」を親戚にお願いする

ムリ、行けないと言ってみたら……
「親不孝者!」と怒鳴られても 負けない強さを

▌▌ 怒鳴られても……

👤 Cさん(60代女性)シングル・東京 ● 両親(80代)神奈川

C「両親が、あまりに『来い、来い』と言うものですから、ついに言いました。『ムリ、私だって疲れ果てている』って」

太田「ご両親の反応は?」

C「父に怒鳴られました。『この親不孝者、通いが疲れるならこっちで暮らせ』と」

太田「Cさんは何と言いました?」

C「もう心底腹が立って。こんなに頑張ってきたのに『親不孝』って怒鳴られるなんて。でも、きっと平行線だろうし黙りました。それから2週間は行きませんでした。でも、言わなきゃ分からないのだし、言ってよかったと思います。私は親のために生きているわけじゃない」

親の性格によって苦しむことも

　子が親元に時間と交通費と体力を費やして通うことに対し、「ありがたい」と思ってくれる親がいる一方、「当然」と考える親がいます。

前者の親であれば、報われます。「ありがたい」とまでいかなくても喜んでくれるだけで子も嬉しくなるのではないでしょうか。

Cさんの父親は後者なのでしょう。後者の親のなかにも2タイプあるようです。Cさんの父親のようにダイレクトに怒鳴りつけてくるタイプと、怒鳴るわけではないけれど、独特の言い回しで子に罪悪感を植え付けるてくるタイプ。例えば、「1人で孤独だ、早くお迎えが来てほしい」と言われると、子としては怒鳴られる以上にココロが痛むものです。近所の人や親戚に「子供から見捨てられた」と訴えて歩く親もいます。

自分の意思を貫く

Cさんの父親のように「通いが大変なのなら、帰ってこい」と怒鳴られて、「帰る（Uターン）」という選択をする人もいます。

施設への入居を検討する際にも、「一緒に暮らしてさえくれたら施設になど入らずこの家にいられるのに」と泣き落としにかかる親も。かなり気持ちを強く持っていても、罪悪感に苛（さいな）まれ、親の希望をかなえたい気持ちになるでしょう。

正解はありませんが、長期的に考えれば、親の望みが自分にとって譲り難いことなら、自分の意思を貫くことが自滅しない選択だと思います。「親不孝」と言われようと、折れると、後悔することになりかねません。親の人生と子の人生は別ですから、仕方のないことです。

自滅する人 ▶▶▶

**自分の意向と親の意向が違う場合、
「仕方ない」と親の意向にそう**

自分の人生を大切にする人 ▶▶▶

**自分の意向と親の意向が違う場合、
「仕方ない」と自分の意向を優先**

---

8 「正論」を言う知人には 相談しない、グチも言わない

▌▌ 友人にとっては「他人事」

👤 Cさん（60代女性）シングル・東京　●　両親（80代）神奈川

C「父から『親不孝者、通いが大変ならこっちで暮らせ』と怒鳴られた話を友人にしたら、『ご両親、かわいそう。もう先が長いわけじゃないんだから帰ってあげれば』と言われました」

太田「世の中には、サラッといわゆる『正論』を言う人が少なくありません」

C「気持ちを強く持っていても、心が揺れます。友人の『かわいそう』という言葉が、頭から離れません」

太田「生まれてきた以上、必ず『親』はいます。そのため、『親の介護』については、誰しも意見や考えを持っているものです。しかしそれはCさんの事情を考えたものではなく、その友人のモノサシで発せられた言葉です。引きずられる必要はありません。人は人、自分は自分」

相談や愚痴は人を選んで

　親の介護が始まると、胸のつかえや、モヤモヤした気持ちを抱えることが順次起こるものです。そんなとき、1人で抱え込まず、P86で説明

したように「頼り上手」になることは大切だと思います。ただし、正解のないことへの悩みや愚痴を発するときは、相手を選びましょう。

以前、講演をしたときのことですが、参加者の1人が終わりがけに手を挙げて、こんな話をしてくれました。遠い故郷で母親は1人暮らし。その母親に介護が必要になったときのことです。

仕事を辞めて、母親の傍にいられる時間を増やすべきか悩んでいたとき、彼女は母親の担当ケアマネジャーに聞きました。「仕事を辞めるべきでしょうか」。「何とも言えない」と言われたため、「あなたが私の立場だったらどうしますか」と重ねて聞いたところ、そのケアマネジャーは、事もあろうに「私だったら、仕事を辞めます」と言ったのだとか……。

親の介護のことで相談したくなったり、愚痴を言いたくなったりしたときには、その人が「味方」かどうかと考えてからにしましょう。仲の良い友人や専門職であっても、「味方」になってくれるとは限りません。

同居介護をしている友人に遠距離介護の悩みを話したところ「毎日一緒にいるわけではないのだから、気楽でしょう」というニュアンスのことを言われたことがある人は少なくないと思います。同居介護と遠距離介護は悩みどころが異なるため、理解してもらいにくいこともあるようです。また、若い時に親を亡くした人は、「孝行のしたい時分に親はなし」と強く思っているものです。しかし、現在進行形で親を看ているときには、そういう言葉を聞きたくないこともあります。

自滅する人 ▶▶▶

仲の良い友人・知人なら「分かってくれる」と考える

自分の人生を大切にする人 ▶▶▶

仲の良い友人・知人でも「理解してくれるとは限らない」と考える

介護度が低すぎる!
要介護度が低く出たら
区分変更を依頼

▮▮ 認定調査をやりなおしてもらう

👤 Eさん（30代男性）シングル・長野（母親（65歳）、祖母（90代）と同居）

E「東京に戻るために、祖母を特別養護老人ホーム（特養）にお願いしようと思います。しかし、介護保険の申請をしたところ、結果が思っていたよりも低くて……」

太田「要介護度はいくつでしたか」

E「要介護3と出ました。特養の入居申し込みはできると言われたのですが、要介護4か5じゃなければ、なかなか入れないとか」

太田「お祖母さまは寝たきりでいらっしゃいますよね。だとすると、要介護3は低いように思います。認定調査をやりなおしてもらうこともできますよ」

事前に主治医にも伝えて

　介護保険で利用できるサービスの上限は、要介護度ごとに決まっています。また、特養などへの入居を希望する場合も、必要度合いの高い人が優先されます（5章参照）。結果が違えば、今後への影響は大きいと言わざるをえません。

　認定結果に対し「不服申し立て」をすることもできます。ただし、審

議には時間がかかるので、通常、「区分変更」の申請を代用します。認定後に心身の状態が変わった場合に、次の更新を待たずに認定調査をする方法です。再度、主治医にも意見書を書いてもらい、介護認定審査会を通して新たな要介護度が決まります。「区分変更の申請をしたい」と、地域包括支援センターやケアマネジャーに相談してみましょう。

再度認定調査をしてもらえることになったら、P60でも説明したように立ち会って、現状をしっかり伝えてください。

また、医師の意見書が大きく影響することもあるので、書いてくれる主治医にも区分変更の申請を行うことを伝えておきます。言葉を選ばないと怒りを買う可能性があるので注意が必要ですが、平たくいえば、「しっかり書いてね」とお願いしたいものです。実際、こんなケースがありました。ある女性の母親は「要介護2」だったのに、更新時に「要支援2」と2段階も下がりました。元気になったと思えば嬉しいことではあるものの、保険内で利用できるサービスが大幅に減ってしまいます。女性は母親の主治医を訪ね、現状を報告。主治医も「それはおかしいね。しっかり書きますよ」と言ってくれたそうです。結果は「要介護1」となりました。

区分変更の認定の有効期間の開始日は、申請日にさかのぼります。

自滅する人 ▶▶▶

想像より低い要介護度も「仕方ない」と受け入れる

自分の人生を大切にする人 ▶▶▶

想像より低い要介護度が出たら「区分変更」で再調査してもらう

10 緊急時以外は 現在の家族を優先する

▋▋ 妻の遠距離介護にどう向き合う?

Fさん (40代男性) 既婚・東京　● 両親 (70代) 北海道

F「妻は妻の実家に通っていますが、今後、親の状況が悪くなれば実家に長期間行ったっきりになるのではないかと心配です。そういうケースって多いですか」

太田「なくはないです。親が子を頼りにすると、帰りにくくなってくるんです。仕事をしていれば、『仕事があるから』と振り切れますが、Fさんの奥さまのように仕事を辞めると、帰らなければならない理由 (口実) がなくて……」

F「僕は妻の遠距離介護にどのように向き合うのがいいのでしょう」

太田「応援してあげてください。ただし、応援し過ぎると奥さまを孤独にさせるケースもありますよ」

F「えっ、どういうことですか」

遠距離介護の方法を夫婦間で共有

　配偶者が遠距離介護で自宅を留守にする機会が増えることがあります。文句を言うのではなく、気持ちよく送り出してあげたいものです。ただし、頻度が高くなったり留守の期間が長期化したりすると、モヤモヤとした気持ちになることがあります。モヤモヤは不満につながることがあるので、そうなる前に話し合いましょう。

　話し合うべき内容は、大きく分けて2点です。

●遠距離介護にかかる費用をどのように負担するのか

●往復の頻度や滞在期間の目途、中・長期的な対応

　遠距離介護では1回の交通費だけで数万円かかることも珍しくありません。それを家計から捻出するとなれば、配偶者の理解も必要になるでしょう。また、実家での滞在が長くなるのも仕方のないこととはいえ、この先、5年、10年と続けば夫婦の関係にも影響します。

　話し合っておかないと、虫の居所が悪いときなど、つい「また、実家？」などと嫌味に聞こえる言い方をしてしまう可能性があります。夫婦関係がこじれる原因になるので注意が必要です。

　一方で、実家滞在が長期化することに何の意見も異論もないと、「夫（妻）は自分が留守になることを喜んでいる？自分はいても、いなくてもいい存在？」と寂しい気持ちになる人もいます。

　定年退職などをきっかけに、自分1人で親の家に移り、同居介護を選択する人もいます。筆者は、「単身介護赴任」と呼んでいますが、そういう選択をする際も、配偶者の理解が欠かせません。

▌▌ 子供？　老親？

> F「娘は大学1年です。手のかからない年齢とはいえ、僕では相談に乗るのが難しいこともあるので、妻にはなるべくこっちにいてほしいと思うのですが、話し合ったほうがいいですよね」

太田「はい、お子さんのことはしっかり考えてください。ゆっくり時間を確保して話したほうがいいと思います」

F「そうします」

太田「ただし、娘さんには聞こえないように気をつけてくださいね。大切なおじいちゃん、おばあちゃんのことを優先してほしいと考えるものです」

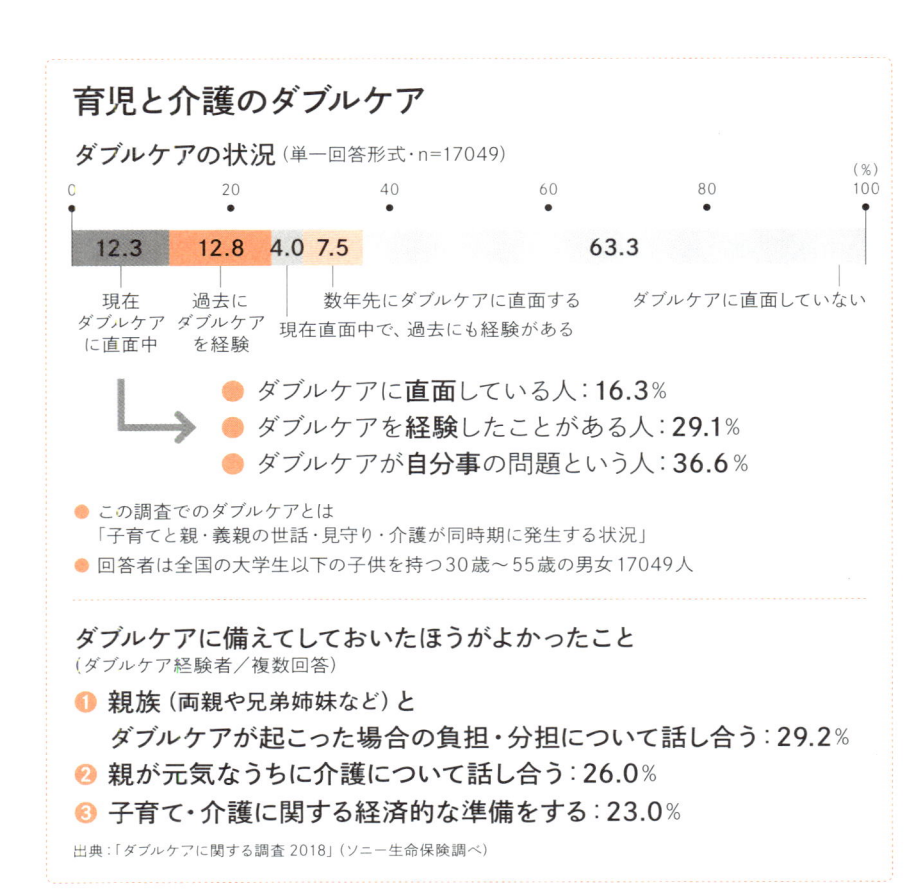

育児と介護のダブルケア

ダブルケアの状況（単一回答形式・n=17049）

現在ダブルケアに直面中	過去にダブルケアを経験	現在直面中で、過去にも経験がある	数年先にダブルケアに直面する	ダブルケアに直面していない
12.3	12.8	4.0	7.5	63.3

- ダブルケアに**直面**している人：**16.3**%
- ダブルケアを**経験**したことがある人：**29.1**%
- ダブルケアが**自分事**の問題という人：**36.6**%

- この調査でのダブルケアとは
「子育てと親・義親の世話・見守り・介護が同時期に発生する状況」
- 回答者は全国の大学生以下の子供を持つ30歳〜55歳の男女17049人

ダブルケアに備えてしておいたほうがよかったこと
（ダブルケア経験者／複数回答）

❶ **親族**（両親や兄弟姉妹など）と
ダブルケアが起こった場合の負担・分担について話し合う：**29.2**%
❷ 親が元気なうちに介護について話し合う：**26.0**%
❸ 子育て・介護に関する経済的な準備をする：**23.0**%

出典：「ダブルケアに関する調査2018」（ソニー生命保険調べ）

ダブルケアが増加

　子供が乳幼児のときに親が倒れるケースがあります。子育てと仕事の両立だけでも大変なのに、遠距離介護が加わるとそうとう追いつめられます。幼い子を祖父母の入院する病院に連れていくこともためらいますし、いろいろと困ります。

　乳幼児期を脱すると、学校を休ませるわけにはいかず通うことが難しくなる時期もあるでしょう。成長してからも思春期、受験期などには、相談に乗れるように傍にいてあげたいと思うこともあります。左ページの図表はソニー生命が実施したダブルケア（子育てと親の介護が同時に発生）に関する調査ですが、3割近くが経験しており、数年先に経験予定とあわせると36％にもなっています。女性の社会進出による晩婚化と出産年齢の高齢化が背景にあるといえます。

　乗り切るためには「割り切り」は必要だと思います。緊急時以外は、原則、「いまの家族を優先しよう」と決めておくと迷いや悩みを軽減することができます（そのためには、親には社会資源をトコトン利用してもらうことが欠かせません）。

自滅する人 ▶ ▶ ▶

老親のことも子のことも 同じくらいしっかりケアしていこうと考える

自分の人生を大切にする人 ▶ ▶ ▶

基本はいまの家族を優先しようと考える

11 受け入れられない親……
介護したくない親との距離の取り方

▌▌ 倒れても関わりたくない

Gさん（50代女性）既婚・愛知 ● 母親（70代）静岡 ● 父親（80代）神奈川

G「両親は離婚していますが、どちらも私の親なのですよね。でも、もし倒れても、父のことは介護したくありません。金銭的支援もしたくない。でも、実子だし、知らん顔はできないのでしょうか」

太田「確かに、夫婦の縁は切れても、親子の縁は切れないので『扶養義務』はあります。ただし、親に対する扶養義務は、それほど強固なものではありません」

G「何がなんでも、面倒をみなきゃいけないわけではないんですね」

太田「自分はどこまでのことができ、どこからはできないか自問自答してみてください」

G「できれば顔も見たくないです」

無理に関わると悲劇を生むこともある

親子とはいっても、その関係性は親子ごとに違います。

何らかの事情で受け入れられないのに、「親子だから」と向き合うこ

とに筆者は賛成できません。無理に強いるとウツなどココロの病気になることもあります。「どこまでならできるか、できないか」を自問自答してみましょう。

このとき、苦しい胸の内を誰かに話したくなると思います。しかし、親子の歴史を知らない人から「冷たい」とか、「あなたの思い過ごし。親はあなたを愛している」と非難され傷つく可能性があるので、相談するなら親子関係の専門家か、P106〜107でも説明したように気持ちを理解してくれると確信の持てる人に。

少々極端な話になりますが……、日本では、「殺人事件」の半数以上が「家族間」だという統計もあるように、家族とは、下手をすれば「殺したいくらい憎い相手」になり得る存在です。憎くはなくても疲れから配偶者や親を手に掛ける介護殺人も頻繁に報道されています。殺人にまでは至らなくても、介護をきっかけに虐待する事件は下記の通り、年々増加しています。

地域包括支援センターにつなぐ

介護したくない親との距離（物理的距離・ココロの距離）は、人それぞれなのでここで結論を出すことはできません。

高齢者虐待は増加している

	要介護施設従事者等によるもの		養護者によるもの	
	虐待判断件数	相談・通報件数	虐待判断件数	相談・通報件数
平成29年度	510件	1898件	17078件	30040件
平成28年度	452件	1723件	16384件	27940件
増減 (増減率)	58件 (+12.8%)	175件 (+10.2%)	694件 (+4.2%)	2100件 (+7.5%)

出典：平成29年度「高齢者虐待の防止、高齢者の養護者に対する支援等に関する法律」に基づく対応状況等に関する調査結果（厚生労働省）

高齢者虐待の主な種類

- **身体的虐待**
  高齢者の身体に外傷が生じ、又は生じるおそれのある
  暴力を加えること
- **介護・世話の放棄・放任**
  高齢者を衰弱させるような著しい減食、長時間の放置、
  養護者以外の同居人による虐待行為の放置など、
  養護を著しく怠ること
- **心理的虐待**
  高齢者に対する著しい暴言又は著しく拒絶的な対応その他の
  高齢者に著しい心理的外傷を与える言動を行うこと
- **性的虐待**
  高齢者にわいせつな行為をすること
  又は高齢者にわいせつな行為をさせること
- **経済的虐待**
  養護者又は高齢者の親族が
  当該高齢者の財産を不当に処分すること
  その他当該高齢者から不当に財産上の利益を得ること

出典：厚生労働省

　もし、「関わらない」と決め、一切の連絡をとらないとしましょう。対象親が経済的に困窮すると、役所から「ご本人から生活保護の申請が届いています。お子さんとして、金銭的援助はできませんか」と、問い合わせがきます。

　確かに、子供には親への「扶養義務」があります。が、未成年の子を監護教育する義務と違い、「自分たちの生活を維持したうえで、かつ親の面倒をみるだけのゆとりがある場合に発生」するとされています。

　ゆとりがない場合は、拒否することができます。家族の支援を受けられない場合は、（要件を満たしていれば）生活保護を受けられることになります。

　では、本人から「介護が必要になった。助けてくれ」と連絡がきたら？

対象親の暮らす住所地を管轄する地域包括支援センターに出向くか電話をし、事情を話したうえで、介護保険の申請を代行してくれるように依頼すればいいでしょう。「過去の関係性から、これ以上のことはできません」と言うことを忘れずに。

　少しは関わってもいい、ということであれば、自分で「できること」の線引きをしつつ関わればいいと思います。

　例えば、入院の連絡がきたとき、「入院保証人にはなったけれど、病室には行かなかった（顔を合わせなかった）」という人がいました。

　自分の身は自分で守るしかありません。間違っても、受け入れられないのに「親子だから」という圧力に負けて、呼び寄せて同居することは避けてください。生活保護を受給すれば、医療や介護サービスの費用もそこから支払われます（現役世代の子と同居すれば生活保護は利用できないと思います）。

　また、在宅での生活が難しくなれば、特別養護老人ホームなどの施設に入ることが一般的です。子も親も自滅しないためには、下手に動くよりもはるかに良い方法だといえるでしょう。

自滅する人 ▶▶▶

許容できない親のことも「家族だから」と受け入れる

自分の人生を大切にする人 ▶▶▶

許容できない親のことは、「社会資源」に頼る、まかせる

12 介護? 仕事? 趣味?
介護が始まっても仕事や趣味を辞めない

▊ 辞めて後悔……

👤 Eさん（30代男性）シングル・長野（母親（65歳）、祖母（90代）と同居）

E「僕は祖母の介護をする母をサポートするために、仕事を辞めて実家に戻ってきてしまいましたが、『早まった』という気持ちが消えません」

太田「給料も大幅に減ってしまったのですよね」

E「祖母を施設にお願いして、新たな生活をスタートしようと決めました。あのとき、なぜ、仕事を辞めてしまったのか……」

太田「家族の介護が始まっても、できるだけ、これまで通りの生活を継続することをお勧めします。仕事だけではなく、趣味だって続けましょう」

仕事はもちろん、趣味も継続!

　遠距離介護が始まると、行ったり来たりの往復があるので忙しくなります。病院などから呼び出されることもあるでしょう。

　仕事を休まなければならないことが続くと、職場に迷惑をかけるからと離職する人もいます。しかし、その後、Eさんのように「後悔」の声を発する人が少なくありません。

「仕事を辞めて時間はできたけれど、往復する交通費の捻出が厳しい」「親のために大切な仕事を辞めてしまった」と涙を流す人も。

対照的に遠距離介護がスタートしても、仕事はもちろん、趣味を継続する人も大勢います。

親元に行ったときには親のことをしたり、考えたりが中心になるでしょう。しかし、遠くにいるときに願掛けで自分の好きなものを我慢する「○○断ち」をしても、親の要介護度が好転したり、病状が良くなったりするわけではありません。自分の家にいるときには、自分のことを中心に考えればいいのではないでしょうか。

旅行好きの人は、親の心身状況が安定しているタイミングを見計らって海外へ（親本人には告げず、親族の誰かには言って出かけるケースが多いようです）。不幸にして、渡航中に「親が亡くなった」という人もいました。しかし、仕方のないことだと思います。親が亡くなるのを待っていたら（不謹慎な表現ですが）、自分も80歳くらいになり体力的に行けなくなってしまうことも考えられます。

いずれにしろ、遠距離介護では親は遠方にいるため、日常的な介護はできません。旅行に限らず、仕事が終わってから飲みに行くのも、習い事に行くのも、介護が始まる前と同じように継続できます。

▌▌ 介護休業制度を利用

E「僕は、後先考えずに離職してしまいましたが、退職届を出す前に『介護休業』を取れば、冷静に考えられたかもしれませんね」

太田「法律では、介護を必要とする親族のために通算93日休めることになっています。半年とか1年とか休める期間を長くしている企業もあります。確かに、大変になったとき、一時的に仕事から離れることで冷静さを取り戻せることがあると思います」

E「介護休業だけでなく、突発的な通院同行などで休める介護休暇も年に5日あるのですね。正社員に戻れたら、こういう制度をしっかり利用したいと思います」

職場の介護支援制度を要チェック!

仕事と介護、「両方はムリ」と離職が頭をよぎる気持ちは分かります。けれども、世の中には子供のいない高齢者も大勢いるわけで、それでも何とかなっています。

しかも、家族が介護を要するようになると休業できる制度が法律で定められているのです。使わない手はありません。就業規則に記載がなくても、「法律」なので、要件を満たせば取得できます。介護休業は93日、介護休暇は対象家族が1人なら年5日、2人以上なら年10日となっています。パートを含めほとんどの就労者が対象となります。

介護休業と介護休暇

	介護休業	介護休暇
期間	対象家族1人につき通算93日（3回を上限に分割可）	対象家族1人につき1年5日、対象家族が複数の場合1年10日（半日単位）
取得手続き	原則、2週間前までに書面で申し出	当日の申し出も可
賃金	原則、無給	原則、無給
雇用保険	介護休業給付金として賃金の67%（93日まで）	制度なし
介護の対象	父母、祖父母、きょうだい、配偶者、配偶者の父母、子、孫	配偶者、

短時間勤務やフレックス制度も設けられていますが、遠距離介護の場合は、あまり役立ちません。残業を免除されても、親元まで行くことは時間的に難しいからです（中距離介護なら役立つケースもあるので勤務先の制度を確認しましょう）。

　けれども、「93日の休業では足りない」という声を聞くことがあります。確かに、通常93日で介護は終わりません。この休業は、自分で直接介護するための休みではなく、マネジメントし、介護体制を築くための期間だと理解しましょう。P54でも説明したように、適切なサービスを入れて親の生活がスムーズに進むようにするのです。93日を最大3分割できるので、例えば介護サービスに慣れてもらうとき、施設を探すとき、看取りのときにそれぞれ1カ月間休むような使い方もできます。

　介護休業は、休業開始予定日と終了予定日を明確にし、開始日の2週間前には申請する必要がありますが、介護休暇は、特に書面に記入する必要はなく、当日に口頭で伝えれば取得することができます。

　職場によっては、福利厚生や共済会で介護の補助金を助成するところもあります。おむつ代やホームヘルプサービスの利用料を補助するところも。数は多くありませんが、遠距離介護の交通費を補助するところもあります。

　また、介護休業の期間は通常無給ですが、介護休業給付金として93日間を上限に月額給与の67%が支給されます。

自滅する人 ▶▶▶

介護が始まると、「親」中心の生活に切り替える

自分の人生を大切にする人 ▶▶▶

介護が始まっても、可能な限りそれ以前の生活を継続する

医療情報をまとめておく!

急に具合が悪くなって救急車を呼ぶことがあります（救急車を呼ぶことをためらう親も多いですが病院にタクシーで行くと診察まで時間を要したり入院させてもらえないことも多いので、「緊急時は救急車で!」と言っておきましょう）。しかし、親が1人暮らしだったり、身体が弱っていたりすると、具合の悪いなか、医療情報を説明するのは困難なケースがあります。

迅速に救急活動ができるように、「緊急連絡先」や「かかりつけ医」「薬剤情報」「持病」「診察券（写）」「健康保険証（写）」などの情報をセットにして入れておける専門容器があります。「救急医療情報キット」と呼ばれるもので、保管しておくのは自宅の冷蔵庫。冷蔵庫はどこの家にもあり、設置場所も分かりやすいからです。親の暮らす自治体で用意していれば、役所や地域包括支援センターでもらって活用しましょう。キットを利用しない場合も、何か起きると必要となる一式です。「介護保険被保険者証」とあわせて、帰省した折に分かりやすい場所に準備をしておくと安心です。

4 章

遠距離介護にかかる
お金は
「親の懐」から

1 介護にかかる費用は親本人のお金を使う

▌▌▌ 負担したいけれども……

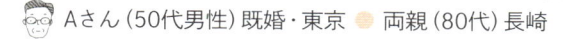 Aさん（50代男性）既婚・東京 ● 両親（80代）長崎

A「介護って、お金がかかりますよね。遠くにいて申し訳ないので、せめて介護サービスにかかる費用くらい、僕が払いたいのですが……」

A妻「と、この人は言いますが、往復の交通費もかかるし介護費まで支払ったらうちの家計は破綻します。遠距離介護を行っている皆さんは、実際のところどうしておられるのでしょう」

太田「なかには子が負担されるケースもありますが、多くは親本人が負担されていますよ」

A妻「ですよね！　子が負担するなんて無茶ですよね！」

A「そうですか。でも、うちの親は、そんなにお金を持っているのかなあ」

太田「遠距離介護をスタートするにあたり、親御さんの経済力を知ることはとても大切です」

介護は親の自立を応援すること

　「介護」は子が行い、親は受け身になるせいか、費用も子が負担してしかるべきと考える人がいます。けれども、介護は子のためではなく、親の自立を応援するために行うことです。かかる費用は、本人が負担するのが当たり前だと思います。

　Aさんの妻が話す通り、何でもかんでも子が負担すると、子の生活が成り立たなくなります。P52でも説明した通り、自滅しないためには「やさしい子より、マネジメント上手」になることが求められます。

　その代わり、と言ってはなんですが……。

　現在、「子」の立場の人も、いずれ自分にも介護が必要になるかもしれません。そのときは、自分のお金を充てましょう（子に負担してもらいたいとは思わないですよね。子のいない人は姪や甥？　ありえません！）。

　仕事のプロジェクトを進める場合、予算を知らないとスタートを切れないように、介護のプロジェクトも予算を知ることは不可欠です。親の預貯金や月々の年金などの具体的な数字を知る必要があります。

聞きにくくても聞く！

　「親に年金額など聞けない」と思うかもしれません。確かに、聞きに

聞いておきたい親の懐情報

- ☑ 預貯金額（金融機関名、キャッシュカードの有無）
- ☑ 月々の年金額
- ☑ 株など
- ☑ 不動産
- ☑ ローンや負債額
- ☑ 民間医療保険や生命保険（保険証券の保管場所）

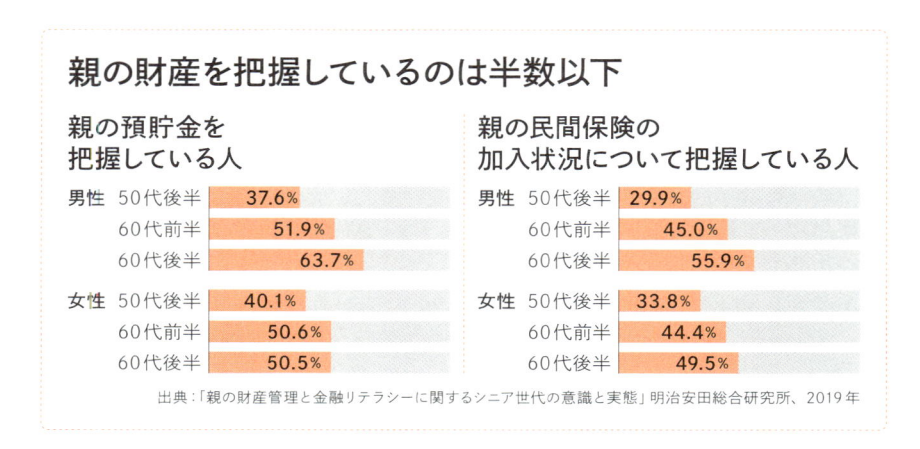

親の財産を把握しているのは半数以下

親の預貯金を把握している人

男性	50代後半	37.6%
	60代前半	51.9%
	60代後半	63.7%
女性	50代後半	40.1%
	60代前半	50.6%
	60代後半	50.5%

親の民間保険の加入状況について把握している人

男性	50代後半	29.9%
	60代前半	45.0%
	60代後半	55.9%
女性	50代後半	33.8%
	60代前半	44.4%
	60代後半	49.5%

出典：「親の財産管理と金融リテラシーに関するシニア世代の意識と実態」明治安田総合研究所、2019年

くいことではあります。けれども、聞かなければ、マネジメントすることは難しいです。

例えば、親が入院した際に、「6人部屋はうるさくて眠れない。個室に移してほしい」と言うとします。個室は1日1万円以上することも珍しくありません。もし、入院期間が長引き、2カ月となれば60万円以上……。3カ月なら90万円です。親が支払えるだけの蓄えがあるか、民間の入院保険に入っているならいいですが、支払い能力がない場合は、入院保証人となった子が負担することになります。支払いが困難なのだとすれば、親が「個室」を希望しても、「払えないから」と言って我慢してもらう必要があります。

一方、事前に支払い能力があることを知っていたら、最初から個室を勧めてゆっくり休んでもらうことも選択肢となります。

思い切って、親に「もし倒れたときに、できるだけ快適な暮らしをしてもらえるよう考えたいから、年金や預貯金のことを教えて」と聞いてみましょう。

「財産を狙っているのか」と怒りを買う可能性もあります。その場合は、少しずつコミュニケーションを増やして、「心配して聞いている」ことを理解してもらいたいものです。めったに話もしないのに、突然、お金のことを切り出すと気分を害されるのは当然です。

ただし、強引に聞き出そうとはしないでください。親にお金のことを聞いてもいいけれど、聞き出す権利はありません。言いたくないと言っているのに強要すれば高齢者虐待の域に入っていくので、くれぐれもご注意を。

　そして、きょうだいがいる場合は、聞いた情報は親に許可を得て共有してください。後々知ると「コイツ、親のお金を搾取しようと企んでいるのでは」と誤解され、もめ事に発展することがあるからです。

▌▌ 確定申告を手伝って……

A妻「実は、私は、自分の実家の懐事情は把握しているんです」

太田「どのようにして、確認されました？」

A「妻はしっかり者です（笑）」

A妻「父親に尋ねても、最初は言いたがらなかったんです。そこで、2月を待ち、『確定申告を手伝う』ことを口実に、お金の情報をすべて見ちゃいました！」

自滅する人 ▶▶▶

「親の介護にかかるお金は負担してあげたい」と考える

自分の人生を大切にする人 ▶▶▶

「親の介護にかかるお金は親本人が負担するのが当然」と考える

2 通いの交通費を 安くする方法

行ったり来たりのお金が……

体調が優れないときは高くても快適な手段を

Hさん（50代女性）既婚・千葉 ● 父親（90代）愛媛

H「交通費を安くするために、これまで夜行バスを使ってきました。けれども疲れるので、今後は、時々でも飛行機を使おうと思います」

太田「体調などによって使い分けるといいですね。それが長続きのコツだと思います」

H「飛行機は早期予約をすると安い運賃がありますが、介護では、急に行かなければならないことが多く……。何カ月も前に予約はできません。よい方法はありますか」

太田「飛行機には『介護割引』があります。それに、LCCを利用して遠距離介護をする人が増えています。千葉と愛媛間もジェットスターが飛んでいますね」

飛行機なら「介護割引」を使える

　誰しも帰省が度重なると、「安く往復したい」と考えます。そこで、夜行バスを使う人が少なくありません。確かに、「どこででも、ぐっすり眠れる」人にとっては、寝ている間に着くので、経済的にも時間的に

も効率的だといえます。しかし、「バスでは眠れない」人にとっては、過酷な手段となるケースも……。

体力的にキツイ場合は、自分が倒れないように飛行機や新幹線などの利用も検討したいものです。近頃は、遠距離介護にLCCを利用する人が増えています。例えば、Hさんが通う千葉（成田）・愛媛（松山）間はジェットスターが飛んでおり、最安だと片道5000円ほどです。「都心から成田まで行くのが大変」という声も聞きますが、都心から成田空港まで片道1000円の連絡バスが走っているので利用している人が多いです。

また、日本航空や全日空などでは「介護割引」という、介護帰省のための割引運賃を用意しています。居住地の最寄り空港を結ぶ一路線限定で、事前に、介護を必要とする親との関係を証明する戸籍謄本や介護保険証などの写しを提出して登録する必要があります。早期割引ほどは安くなりませんが、普通運賃と同じように、席さえあれば当日予約や、変更などもできるので、使い勝手がいいと人気です。

残念ながら、鉄道には介護に特化した割引運賃はありません。年齢制

Hさんが千葉→愛媛県松山市の実家に通う 交通機関別料金例

交通機関	区間	料金例	
日本航空	羽田 → 松山	普通	38,590円
		先得	16,290円
		介護帰省割引	24,790円
ジェットスター（LCC）	成田 → 松山		10,890円
ジェイアール四国（高速バス）	新宿 → 松山	普通	12,300円
		早売	7,600円
JR（のぞみ＋特急）	東京 → 松山		19,260円

＊購入時期や乗車時刻などにより料金は変動する。＊自宅・実家から駅・空港までの料金は含まない。

限がありますが（男性65歳以上、女性60歳以上）、JRの「ジパング倶楽部」を帰省に活用しているという声を聞くこともあります。

あえて「(お得料金の)グリーン」を選ぶ

JRで遠距離介護をする人から、時には奮発して「グリーン車を使う」という声を聞くことがあります。頑張りすぎて、親の家に着いてから不機嫌になったり、自分が身体を壊したりしたら、元も子もないからです。確かに、普通席とグリーンでは疲れ方に大きな違いが生じるでしょう。

多くの鉄道会社で、独自の「お得な運賃」を設定しています。なかにはとても割安な運賃もあるので、ホームページなどを確認してみましょう。

一例ですが筆者が気に入っているのは、JRの「スマートEX」。なかでも3日前までに予約する「グリーン早得」は、朝6時台の「のぞみ」と終日の「ひかり」のグリーン車にお得に乗れます。東京から京都までのグリーン席が普通指定席とほぼ同額です。予約後も、手数料無料で他の商品に変更できます。

交通費を親に負担してもらう

前項で、「原則、介護にかかる費用は親本人のお金を使う」と説明しました。子が親元に通う交通費に関しても、介護費用の一部だと考えられるので、親が負担できるのであれば負担してもらえばいいでしょう。古い調査ではありますが、親が負担しているケースが約半数という結果

もあります。実際、頻繁に往復する人にインタビューすると「交通費は親が負担している」という人が多い印象です（特に女性）。

親の立場の人に取材しても、「忙しいのに、遠いところを通ってきてもらうのは申し訳ない。せめて交通費くらい出さないと心苦しい」という声が聞こえてきます。

P86～88でも紹介した通り、交通費の考え方には、明らかな男女差があります。男性は「老いた親から交通費などもらえない」と言う人が多いのですが、親が負担することにより、帰省の回数を増やせるのであれば、いつか相続でもらうよりはずっと生きたお金の使い方だといえるでしょう。

通えないきょうだいが負担するケースも

なかには、親ではなくきょうだいが負担するケースもあります。何らかの事情で帰省がままならない者が、頻繁な帰省を行うきょうだいの交通費を負担するのです。

ある男性は仕事の事情でめったに帰省できず……。姉が1人暮らしをする母親のところに通っていました。当初、交通費に使うようにと姉に現金を渡そうとしましたが、姉は受け取らなかったそうです。そこで男性は母親名義の通帳を作り、そこに毎月一定額を入金。姉には、「母親への仕送りだから、介護にかかる費用はここから出して」とキャッシュカードを渡しました。母親名義の通帳を経由することで、姉は受け取りやすくなり、通いの交通費もそこから出すようになったそうです。

自滅する人 ▶▶▶

往復には、最も「安い」交通機関を使う

自分の人生を大切にする人 ▶▶▶

時には高くても、「快適」を目指す

「使って!」と渡されたら?

親からの「預かり金」で介護する方法

▌▌ 生前贈与にならない?

👤 Aさん（50代男性）既婚・東京 ● 両親（80代）長崎

A「思い切って、両親と、今後の介護費用をどうするか話し合いました。そのとき母が『私のためにかかるお金はここから使って』と母名義の300万円の定期預金をくれたんですが、どうしたものでしょう」

太田「よかったですね！でも、お母さま名義では使いにくいので『預かり金』にしてはどうでしょう。まず、Aさん名義の新しい普通預金口座を作ってください。お母さまには定期を解約していただき、そのお金を新たに作った口座に入金してもらいましょう」

A「生前贈与にならないんですか」

太田「名義は子供でも、実質、お母さまのものですから、贈与になりません。でも、『預かったお金』と説明できるように両者での覚書や、出金記録は必要です」

「介護に使うお金」であることを明確にしておく

　親名義の定期預金を渡されても、原則、親本人でなければ解約できないので悩んでしまいますね。

現金で渡された場合にも通じることですが、お金には「色」はないので、「介護のために使うお金」として分けておく必要があります。分けるために、新たな口座を作成し、そこに入金してもらいましょう（通常の定期預金は解約しても元本割れや解約手数料は発生しません）。

　このとき、定期の名義人である親と覚書を作成し保管することを忘れずに。そして、介護にかかる費用はそこから出します。仕事の経費同様、明細と領収書を残しておくことも大切です。対象親が亡くなった時点で残金があれば、相続財産となります。

▮▮ これまで支払った分は?

A「母が、これまで使ったお金も、そこから出して清算すればよいと言ってくれていますが……」

　太田「原則、介護にかかる費用や交通費は、実費相当分であれば贈与税の対象となりません。ただし、『必要な都度・使い切り』が大原則です。まとめてもらうと、贈与になることもあるので注意してください」

A「実費ということは領収書が必要ですね」

　太田「あるほうがいいですね」

　親のお金を使って介護する場合も、実費相当分であれば贈与税の対象とはなりません。

　しかし、これまでの分をまとめて受け取る場合は注意が必要です。贈与税が課されないためには、必要な金額を必要なときに渡し、受け取った側はそのときに使い切ることが原則だからです。今後は、この原則に従って親のお金を管理したいものです（贈与税には年間110万円の基礎

預かり金の作り方

- 子名義の新しい普通預金口座を作成
  ↓
- 親に定期を解約してもらって、子名義の新しい口座に入金してもらう
  （通常の定期預金は中途解約しても手数料はかからない）
  ↓
- 親子で「預かり金」の覚書を交わす
  ↓
- 親の医療費、介護費はそこから出金
  （明細と領収書を残すことをお忘れなく）

＊名義は子でも「預かり金」は親のお金なので贈与税はかかりません。
　親が死亡した時点で「預かり金」に残金があれば相続財産になります

控除があるので、今年分の清算をするならそこまでに）。

　きょうだいがいる場合は、金銭搾取したと誤解されないように親との間で「預かり金」を作ったことを知らせてください。

自滅する人 ▶▶▶

まとまったお金を親から預かっても、覚書や記録をつけずに使う

自分の人生を大切にする人 ▶▶▶

まとまったお金を預かれば、覚書と出金記録をつける

親の財産管理を行うようになったきっかけ

親の預貯金や財産の一部でも
管理や管理の支援をする理由となった親の状態について

- 存命中の親が認知症と診断されていない55～69歳の男女・年齢層別
- 3つ以内で回答
- 数字は％

項目	50代後半 (n=120)	60代前半 (n=111)	60代後半 (n=93)
ATMの操作・利用に支障が出てきた	21.7	27.0	32.3
窓口での説明を理解するのに支障が出てきた	11.7	18.9	15.1
お金の計算に支障が出てきた	7.5	12.6	19.4
お金をなくしてしまう（隠してしまう）など生活に支障が出てきた	6.7	9.0	4.3
請求書の支払い忘れが起こるようになった	7.5	1.8	2.2
窓口でトラブルを起こすようになった	1.7	0.9	0.0
入院または介護施設に入所・入居した	29.2	30.6	45.2
その他	44.2	40.5	23.7

凡例:
- ■ ：50代後半 (n=120)
- ■ ：60代前半 (n=111)
- ■ ：60代後半 (n=93)

> 親の財産管理を支援するようになった理由で最も多いのは
> 「入院または介護施設に入所・入居した」、
> 次いで「ATMの操作・利用に支障が出てきた」

出典：「親の財産管理と金融リテラシーに関するシニア世代の意識と実態」明治安田総合研究所、2019年

4 介護にいくらかかる？
介護にかかる
お金の計算方法

▌▌ 費用のことが心配……

Bさん（40代女性）既婚・埼玉 ● 両親（70代）新潟

B「介護サービスを利用し、妹も私も離職しないでやっていくつもりです。でも、やっぱりお金のことが心配です。育児と違って先の予想がつかないので、本当に親のお金だけでやっていけるのかどうか……」

太田「『介護にはいくらかかりますか？』と、多くの人から質問されます。しかし、どういう介護をするかによってかかる費用はまったく違ってきます。それに、親がいくつまで生きるかによっても変わります。いくらかかるかではなく、いくらならかけられるかという発想に切り替えましょう」

B「先日、母に本書 P125 の項目を聞いてみました。うちは、両親共に、今年 80 歳になります。ざっくりですが、蓄えは 2000 万円。年金は 2 人分合わせて月 22 万円ほどです。これでどのように介護費用を捻出すればいいのでしょう」

100歳まで生きると想定して資金計画を立てる

ざっくりでも親の懐事情を把握できたら、1 年間、1 カ月間に使える金額を割り出してみましょう。

下の計算式は両親が100歳まで生きると想定しています。年金は生涯にわたって支給されるので、それだけで生活費、交際費、医療費、介護費などをまかなえるなら両親存命中は大きな問題はありません。

　しかし、もし先に父親が亡くなると、年金額はガクンと減ることになります。2人暮らしが1人暮らしになっても、通常、生活費は半減しません（ただし、母親が1人になると、「住民税非課税世帯」となることがあります。そうなれば、医療費、介護費は大幅に安くなります。特養入居の料金も大幅減（詳細P140））。

　また、そもそも年金だけで月々必要な費用を賄えないなら、預貯金を取り崩していくことに……。

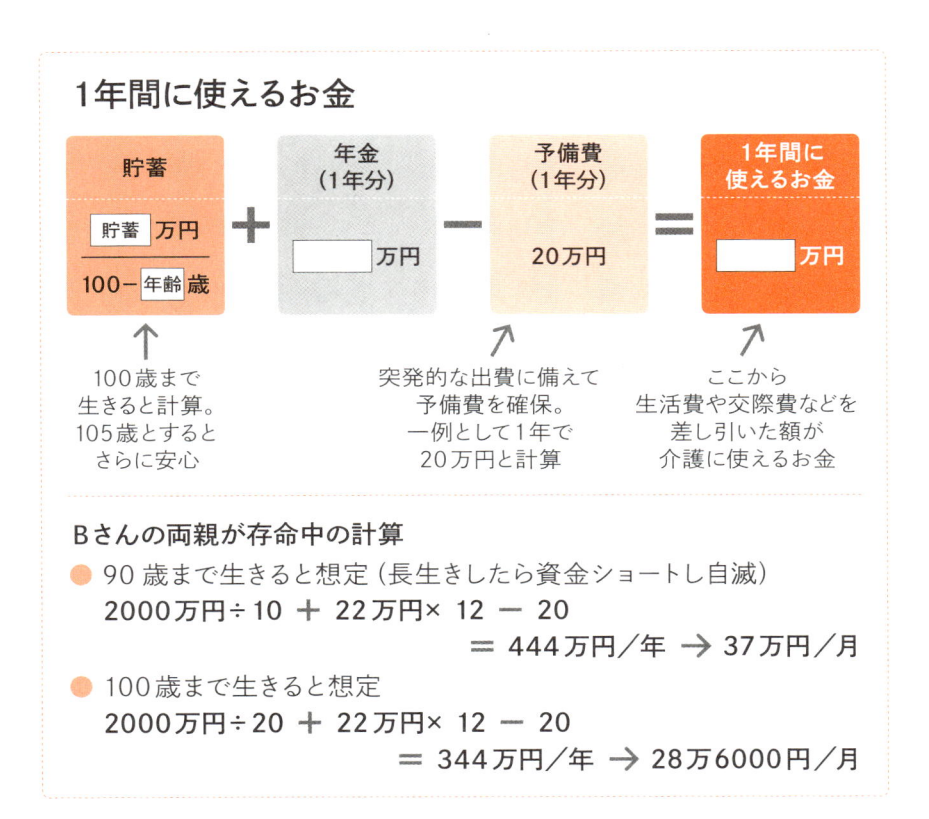

1年間に使えるお金

貯蓄	+	年金（1年分）	−	予備費（1年分）	=	1年間に使えるお金
貯蓄 万円 / 100 − 年齢 歳		☐万円		20万円		☐万円
100歳まで生きると計算。105歳とするとさらに安心			突発的な出費に備えて予備費を確保。一例として1年で20万円と計算			ここから生活費や交際費などを差し引いた額が介護に使えるお金

Bさんの両親が存命中の計算

● 90歳まで生きると想定（長生きしたら資金ショートし自滅）

2000万円÷10 ＋ 22万円× 12 － 20
＝ 444万円／年 → 37万円／月

● 100歳まで生きると想定

2000万円÷20 ＋ 22万円× 12 － 20
＝ 344万円／年 → 28万6000円／月

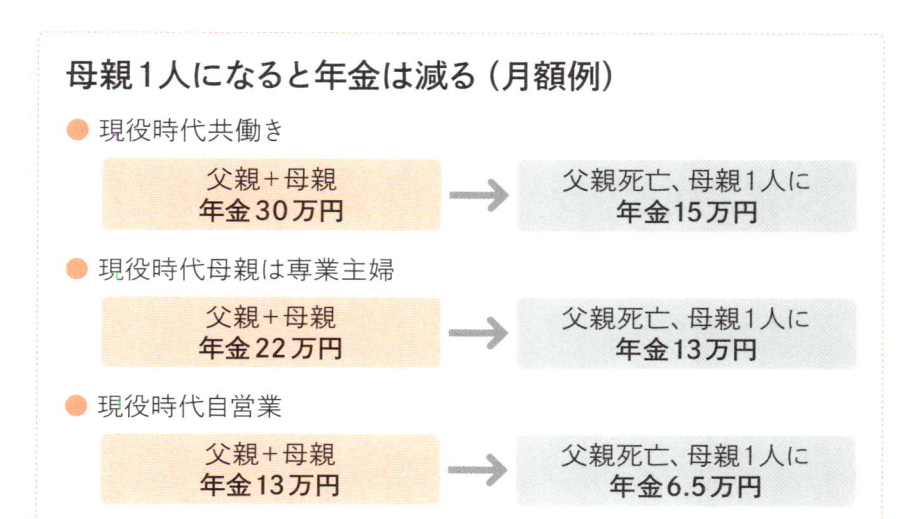

母親1人になると年金は減る（月額例）

● 現役時代共働き

父親＋母親
年金30万円　→　父親死亡、母親1人に
年金15万円

● 現役時代母親は専業主婦

父親＋母親
年金22万円　→　父親死亡、母親1人に
年金13万円

● 現役時代自営業

父親＋母親
年金13万円　→　父親死亡、母親1人に
年金6.5万円

　取り崩す金額は、80歳なら100歳まで生きると想定して20年で割り算します。しかし、現在100歳以上の人が7万人以上という日本の現状を考えると、105歳まで生きる想定で割り算するほうが安心です（100歳以上の9割近くが女性なので、特に母親は105歳想定で）。

　なぜだか「うちの親は、そんなには長生きしない。90歳想定で十分」と言う人がいます。が、それはとても危険な考え方だと思います。資金ショートしてしまう可能性があります。持ち家の在宅であれば何とかやりくりできるかもしれませんが、施設入居すると、月々の費用を支払えなければ退去するしかありません。実際、親が施設に入居している人から、「思っていた以上に長生きしている。お金が足りない！」という悲鳴を聞くことがあります。

　2000万円の預貯金を余命10年と考えて割り算をするのと、20年と考えて割り算するのとでは大きな違いが生じます。

有料老人ホームなどへの入居を想定するなら

　Bさんの両親が揃って100歳まで在宅で生活すると、月々使える金額

は28万円ほどという計算になります。

　しかし、どこかの段階で、両親のうちの一方が亡くなることも考えられます。また、在宅から施設に移ることもあるかもしれません。そうなると、この計算式は大きく崩れることになります。

　入居一時金の必要な民間の施設が候補になるなら、在宅の間はなるべく預貯金には手をつけないほうがいいかもしれません。

　そこで、どのような状況になったら、どういう施設に移ってもらうかを考えておきたいものです。施設については5章で説明しますが、提供される介護内容も料金も施設ごとに大きな違いがあります。

　また、両親のどちらかが亡くなれば年金額はいくらになるかについても確認しておくと安心です。日本年金機構の年金相談に行けば教えてくれます。できれば親と一緒に行ってみましょう。一緒に行くことが難しい場合は、親の委任状を持参します。日本年金機構のホームページから委任状の様式をダウンロードできるので利用するといいでしょう。

　いずれにしろ、月々使えるお金の目安がついたら、そのなかでできる介護を行うしかありません。ケアプランを立ててもらう際にも「月額〇円以内でお願いします」と言いましょう。

自滅する人 ▶ ▶ ▶
親の余命を短く見積もる

自分の人生を大切にする人 ▶ ▶ ▶
親の余命を長めに見積もる

5 医療費や介護費には支払い上限額がある

世帯所得によって医療費は異なる!

Eさん（30代男性）シングル・長野（母親（65歳）、祖母（90代）と同居）

E「祖母の要介護度が4か5と出たら、すぐに特別養護老人ホームに申し込む予定です。そして、入居でき次第、僕は東京に戻ります。そこで、だいたいの費用を知りたいのです。農業だったので、祖母も母も国民年金を受給しています」

太田「現在、Eさんとお祖母さまは同一世帯になっていますか。それとも別世帯でしょうか」

E「現在は、祖母と母と僕の3人で一世帯になっています」

太田「生活費を別にされているなら、1つ屋根の下に暮らしていても、Eさんを別世帯にすることをお勧めします。そうすれば、お祖母さまとお母さまは『非課税世帯』となります。医療や介護にかかる費用は大幅に安くなります」

呼び寄せやUターンをしても世帯は別のまま

　Eさんの場合、祖母と母親と3人で一世帯になっているとのことです。が、生活費を別にしているのであれば、Eさんを別世帯にしたほうがいいと思います。「世帯分離」と呼ばれる手続きです。

なぜなら、1つの世帯を構成する全員の所得が一定額よりも低いと住民税が課税されない「非課税世帯」となり、医療費や介護費は大幅に軽減されるからです。2019年10月にスタートした「年金生活者支援給付金制度」（生涯にわたり月額5000円ほどの給付）の対象も支給条件に前年の年金収入などが87万9,300円以下であることに加え、「同一世帯の全員が市町村民税非課税である」という条件があります。

　通常、国民年金受給の高齢者は非課税です（収入が年金のみの場合、1人世帯の場合年収155万円以下。2人世帯の場合で夫が妻を扶養する場合は211万円以下（居住する自治体によって異なります））。しかし、一般的に現役世代の年収は多いため、世帯が一緒だと課税世帯の一員となり、医療費や介護費は安くなりません。

　世帯を1つにすることでの特別なメリットがない場合は、Uターンや呼び寄せをして同居する際にも世帯は別のままのほうがよいケースが多いです。

医療費も介護費も大幅減できる

　「課税」か「非課税」によって、医療費や介護費はどれくらい違ってくるのでしょう。

　次ページの表（上）は70歳以上の人の「高額療養費制度」の医療費負担上限額です。「課税」世帯だと月の上限は5万7,600円なのに対し、「非課税世帯」だと1万5,000円となります。入院した際の食事代も1食460円が100円に軽減されます。

　介護保険の利用料も、上の通り所得によって「高額介護サービス費」として上限が設けられています。Eさんと同一世帯だと月の上限は4万4,400円ですが、祖母と母親の2人になると2万4,600円（祖母のみ利用だと1万5,000円）となります。祖母が特養に入居するまでは、在宅サービスを利用することになると思います。そうなれば、費用負担に大きな影響があります。介護保険料も変わってきます。さらに、1年間に医療と介護の利用者負担額の上限額を超えると、「高額医療・高額介護合算療養

医療費、介護費の上限額は？

70歳以上の医療費上限額

区分	ひと月の上限	
	外来（個人ごと）	外来+入院（世帯ごと）
一般 （年収156万～約370万円）	18,000円 （＊144000円上限）	57,600円 （多数回該当44400円）
Ⅱ 住民税非課税世帯 （下記Ⅰ以外）	8,000円	24,600円
Ⅰ 住民税非課税世帯 （年金収入80万円以下など）		15,000円

- 生活保護受給の場合はさらに負担は低くなります
- 年収がもっと多い「現役並み」の親の医療費上限額はさらに大きくなるので、詳細は役所で確認を

介護保険の利用料負担上限額

区分	ひと月の上限（世帯ごと）	
一般・現役並み （年収156万～）	44,400円	利用者負担割合が1割の世帯は 年間上限446,400円（2020年7月末まで）
Ⅱ 住民税非課税世帯 （下記Ⅰ以外）	24,600円	
Ⅰ 住民税非課税世帯 （年金収入80万円以下など）	24,600円　個人ごと：15,000円	

- 生活保護受給の場合はさらに負担は低くなります
- 福祉用具購入費や住宅改修費の利用者負担分はこの上限には含みません

70歳以上の医療費と介護費を合算した上限額

区分	1年間の上限（世帯ごと）	
一般 （年収156万～約370万円）	560,000円	
Ⅱ 住民税非課税世帯 （下記Ⅰ以外）	310,000円	
Ⅰ 住民税非課税世帯 （年金収入80万円以下など）	190,000円	介護サービス利用者が世帯に複数いる場合は 310,000円

- 生活保護受給の場合はさらに負担は低くなります
- 年収がもっと多い「現役並み」の親の上限額はさらに大きくなるので、詳細は役所で確認を

費制度」として払い戻されます。1年間の上限は一般だと56万円ですが、住民税非課税世帯だと19万円と1/3近くに減額されます（母親は65歳なので、上限額は異なります）。

特養には月5～6万円で入居可

施設の詳細は5章で説明しますが、Eさんの祖母が入居を目指す特別養護老人ホームでは、「非課税世帯」の場合、「居住費（家賃）」と「食費」が軽減されます。介護部分は「高額介護サービス費」の対象となるので、結果、居室にもよりますが、家賃分や食費を含めて月額5～6万円から入居できることになります。

場合によっては生活保護利用も視野に

国民年金を受給している場合、その額は月額6万円少々です。2人分を合わせても13万円弱。保険料を納めた期間が短いと、受給額が「月2万～3万円ほどしかない」という悲痛な声を聞くこともあります。

Eさんの母親と祖母も、恐らくそれぞれ月6万円ほどの国民年金を受け取っていると思われます。祖母が特養に入って、Eさんが東京に戻ると、母親は月6万円で生活しなければなりません。場合によっては、生活保護の申請を検討しましょう。生活保護支給額は居住地によって違いますが、単身の場合で月額11万～13万円程度です。例えば年金受給額が6万円の場合、差額となる5万～7万円ほどが生活保護費として支給されます。

自滅する人 ▶ ▶ ▶

同居すれば、親と同一世帯にする

自分の人生を大切にする人 ▶ ▶ ▶

同居しても、原則別世帯にする

6 介護保険で税法上の「障害者」? 医療・介護費は軽減

▌▌ 特養の費用を払い過ぎている!?

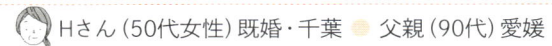 Hさん（50代女性）既婚・千葉 ● 父親（90代）愛媛

H「要介護5の父親の特別養護老人ホーム（特養）の費用、結構かかっています。月額13万円くらいです。父の年金は月17万円くらいなので何とかなっていますが、療養型の施設に移るともう少し高くなりそうです」

太田「お父さまは『障害者控除対象者認定書』を交付されていますか」

H「『障害者控除対象者認定書』って、それ何ですか」

太田「障害者手帳を持っている方は税金が安くなります。高齢者の場合、手帳を持っていなくても、認定書の交付を受けられれば、税法上は障害者となり控除を受けられるんです。自治体によって対象となる目安は違いますが、要介護4、5なら交付を受けられるケースが多いですよ」

H「えっ、本当ですか！」

太田「税法上障害者となると年金収入のみの場合は年間245万円以下なら『住民税非課税』になる場合が。特養の料金も払い過ぎ

ている可能性があります。介護保険の療養病床でも軽減されますよ」

税法上の「障害者」とは

　介護保険を利用している高齢者が障害者手帳を申請することは可能です。ただし、高齢者の場合、サービスについては介護保険が優先されるので、それほどお得感がないケースが多いです（障害者手帳取得によって受けられるサービス内容は自治体によって異なります。タクシーチケットなどの給付を受けられることもあるので役所に問い合わせを）。

　しかし、税金の控除という点でのメリットは大きいです。

　税金が安くなるばかりか、「住民税非課税」のラインが年金収入のみの場合は245万円以下となります（通常は155万円以下（自治体によって金額に違いがあります））。手帳を持っていない場合も、役所で『障害者控除対象者認定書』の交付を受けた場合は該当します。

　認定書の交付の目安は、要介護3以上くらいです（要介護1以上から交付する自治体もあります）。親の暮らす自治体ではどのようになっているか、役所の介護保険課に問い合わせてみましょう。該当すれば、5年前までさかのぼって交付されるケースもあります。

　「住民税非課税」となれば、Hさんの父親の特養の月額料金は、P168の表で見ると、13万3,738円が8万5,360円になる可能性があります（非課税となっても、1000万円以上の蓄えがあると減額されません）。介護保険施設であれば療養病床でも減額されます。

覚えておきたい「寡婦控除」

　Hさんのところは母親が先に亡くなりましたが、逆パターンで、先に父親が亡くなり母親のみ存命というケースは多いと思います。

　配偶者（あなたにとっての父親）と死別し、かつ所得が年500万円以下の母親は「寡婦」となり、「寡婦控除」を受けることができます。

介護費の負担を減らす

手帳がなくても「障害者控除対象者認定書」入手
（医療費、介護費が安くなる）

 親が税金を払っているかどうか確認。払っているなら……
　↓

 親の暮らす自治体での交付の目安を確認
　（確認場所：役所の介護保険課）
　↓

 自分の親が該当するか相談
　（相談場所：役所の介護保険課）
　↓

 該当する場合は申請し
　「障害者控除対象者認定書」を交付してもらう
　↓

5 日本年金機構から年に1回送られてくる
　「扶養親族等申告書」の「本人障害」の欄に○をして返送。
　もしくは確定申告

「寡婦」となれば医療費、介護費が安くなる

 母親が税金を払っているかどうか確認。払っているなら……
　↓

 母親が配偶者（あなたの父親）と死別かつ
　所得500万円以下（年）であることを確認
　↓

3 日本年金機構から年に1回送られてくる
　「扶養親族等申告書」の「寡婦」の欄に○をして返送
　もしくは確定申告

母親が税金を払っている場合は確認を。税額が安くなるばかりか、「障害者」と同じように、通常、年収245万円までは住民税非課税となります。

申告は「扶養親族等申告書」で

　65歳以上の親で、年金から税金を源泉徴収されている場合は、毎年、日本年金機構から控除額を算出するために「扶養親族等申告書」が送られてきます（会社の年末調整と似ています）。その用紙には、「障害者」や「寡婦」に該当するかどうかをチェックする欄が用意されています。チェックして返送していれば申告は完了です。もちろん、確定申告でも申告できます（5年前までさかのぼって申告可）。

自滅する人 ▶ ▶ ▶

課税の親が「扶養親族等申告書」を返送しているか未確認

自分の人生を大切にする人 ▶ ▶ ▶

「扶養親族等申告書」を正しく返送しているか確認している

お金の管理ができなくなったら?
親に代わって入出金する方法

▌▌ 父親のお金を引き出せずに大慌て

Cさん（60代女性）シングル・東京 ● 両親（80代）神奈川

C「お久しぶりです。1年ぶりです」

太田「その後、ご両親はいかがですか」

C「実は、この1年でいろいろありました。父が認知症と診断されて」

太田「そうでしたか……。お困りのことでも?」

C「いつも父が自分で銀行の窓口へ行き、生活費をおろしていました。キャッシュカードは作っていないんです。でも心配で、実家に行ったときに私が父の通帳と印鑑を預かって銀行の窓口に行きました。窓口で『父が認知症になったので、代わりにおろしに来ました』と言ったところ……」

太田「あっ、『認知症』と言ってしまったのですね」

C「はい……、大失敗してしまいました」

原則、出金できるのは名義人だけ

　親の通帳のお金を引き出すことができず「困った」と声をあげる人はとても多くいます。原則、預貯金口座から出金できるのは名義人だけです。夫婦でも不可です。

　Ｃさんは金融機関の窓口で「父親が認知症」と言ってしまいました。それは、「父親には判断力がありません」と言ったことと同じです。窓口では、判断力のない高齢者のお金を家族とはいえ渡すことはできません。

　では、「認知症」とは告げずに、「代わりにおろしに来ました」とだけ言うとどうなるのでしょう。「お父さまの委任状をお持ちですか」と聞かれるだろうと思います。父親が委任状を書ければ、お金を引き出すことは可能です。

　Ｃさんのようなトラブルを抱えないために、親が元気なうちにキャッシュカードの所在と暗証番号を聞いて備えておきたいものです（P126で説明した通り、強引に聞き出すのはNGです）。高齢の親のなかにはキャッシュカードを作っていない人もいますが、できれば元気なうちに作成してもらいましょう。金融機関によっては、本人以外でもお金を引き出せる2枚目のキャッシュカード「代理人カード」を作成できるところもあるので、親と相談のうえ、親に作ってもらうのも一案です（銀行によっては、「生計を共にする親族」などの条件がありますが、離れて暮らす子が利用できる銀行もあります）。

　あるいは、P132で紹介した「預かり金」を作るという方法も。

自滅する人 ▶▶▶

親のキャッシュカードの保管場所や暗証番号を知らない

自分の人生を大切にする人 ▶▶▶

親のキャッシュカードの保管場所や暗証番号を知っている

8 口座が凍結？ 成年後見制度を使う？使わない？

▌▌ 出金を認めてくれる金融機関も

👤 Cさん（60代女性）シングル・東京 ● 両親（80代）神奈川

C「父が認知症になるなんて考えていませんでした。事前にキャッシュカードを作ってもらい、私が預かっておけば、ATMから出金できたわけですね。しくじりました。すでに、口座が凍結された状態になっています。このようなケースでは、どうすればいいでしょう」

太田「金融機関によっては、状況を確認のうえで子でも出金を許可してくれるケースがないわけではありません。『支店長判断で出金できた』という声を聞くこともあるので窓口で再度相談してみましょう。やはりだめな場合は、成年後見制度の利用を検討してください」

C「成年後見制度ですか……。手続きが煩雑そうですね。時間もかかるのでしょうね」

成年後見制度とは

　認知症が進むとお金の管理が難しくなり、金融機関での入出金ができなくなったり、悪徳業者に騙されたりすることが起こりがちです。そのような事態に陥る高齢者を法的に保護・支援するのが「成年後見制度」

です。

　家庭裁判所に申し立てを行います。後見人には、家族が選任されるケースと、司法書士や弁護士などの専門家が選任されるケースがあります。近年は、家族による不正を防ぐために専門家が選ばれるケースが増えています。もしくは、監督人が付くことが多いです。

　Ｃさんが父親の「成年後見制度」の申し立てを行うと、次のいずれかの判断がなされる可能性が高いです。

① 後見人：Ｃさん
② 後見人：司法書士や弁護士などの専門家
③ 後見人：Ｃさん　＋　Ｃさんが不正をしないように監督する監督人
④ 後見人：Ｃさん　＋　Ｃさんが不正をしないよう、父親の財産は「信託」に

　通常、成年後見人は１人ですが、必要がある場合には２人以上の者が後見人になることもあります。例えば、財産管理を弁護士、身上監護（実際の生活の援助など）を家族が行うなど。

　いずれにしても、財産管理を行う後見人は、本人に代わって預貯金をおろしたり、定期を解約したりすることができます。

　成年後見制度を申し立てる手続きは自分たちでもできますが、弁護士などに依頼する人もいます。申し立てから結果が出るまで2〜4カ月くらいかかります。

凍結前に考えておきたいこと

　Ｃさんのケースでは、すでに口座から出金できない状況になっているため、後見人の申し立てをするしかありませんが、本来は、こういう状況になる前に、前項で紹介したような子でも出金できる策を考えておきたいものです。用意周到な人は、親に判断力があるうちに、定期などを解約して普通預金に移してもらったりもします。キャッシュカードだけ

では定期を解約できませんから……。

　なぜなら、「成年後見制度」はメリットだけでなく、デメリットもあるからです。

　誰が後見人になるかは家庭裁判所が決めるため、子がなるつもりでもなれないケースがあります。たとえ子がなれても、いろいろと制限があります。例えば、親から「認知症が進んだら、自宅を売却して施設に入れて」と言われていても、裁判所の許可が必要で、実際、売却するのは難しいケースが多いようです。

　また後見人や監督人に専門家が選ばれると、月額2万〜5万円程の報酬が発生します。親の財産から支払われるので子の生活に影響はないものの、「できれば払いたくない」というのが一般的な心情のようです。

　本人が行った契約を取り消せるので悪徳業者に騙されることがあるような場合はトラブル解決の一助となりますが、大きな問題がないケースでは慎重に（きょうだいの誰かが親から金銭搾取をしているようなケースでも効果が期待できます）。

　申し立てを行うと「後見人に弁護士が選任されたから、取り下げる」というわけにはいきません。その後についても、原則、一旦利用を開始した成年後見制度をやめることはできないこともお忘れなく（2019年3月、最高裁判所が「後見には身近な親族を選任することが望ましい」との考え方を示したので、今後、親族が選ばれることが増えることも考えられます）。

もう1つの任意後見制度も要検討

　以上は成年後見制度のなかの「法定後見制度」の話です。実は、もう1つ「任意後見制度」があります。法定後見では家庭裁判所が後見人を選任するのに対し、任意後見では、元気なうちに自ら後見人を決めておきます。もし将来判断力が不十分になった場合に備えて、あらかじめ代理人（任意後見人）に財産管理など任せたいことを公正証書で契約しておくのです。

法定後見と任意後見の違い

	法定後見	任意後見
後見人の選任	家庭裁判所	本人
後見の内容	家庭裁判所の指針にそって	本人の意思にそって
契約時期	本人の判断力が低下してから	本人が元気なうちに
本人が行った悪徳業者との契約	取消可	取消不可
居住用不動産売却	裁判所の許可が必要	決めていれば裁判所の許可不要

　遠距離介護を行う子が、親との間で契約を交わしているケースをときおり聞きます。こちらは、本人の意思が尊重されるので、「自宅を売って施設に」と希望し公正証書にしてあれば家庭裁判所の許可は不要です。ただし、法定後見では本人が行った契約を取り消すことができるのに対し、任意後見人は本人を代理する権限しか与えられません。また、家庭裁判所は任意後見監督人を決定することとなり、法定後見と同じく報酬が発生します。

　親から「将来は、自宅を売って施設に」と依頼された場合、任意後見制度のほか、「家族信託」を活用し実現できるケースもあります。

自滅する人 ▶▶▶

デメリットを考えず、成年後見制度を申し立てる

自分の人生を大切にする人 ▶▶▶

デメリットも考えてから、成年後見制度申し立てを検討

実家を売却? 賃貸?

親の自宅を現金化する方法

■ リバースモーゲージとは

👤 Dさん（50代男性）既婚・アメリカ ● 父親（80代）茨城

D「友人から、実家を担保にして現金化する方法があると聞いたのですが」

太田「リバースモーゲージのことだと思います。持ち家を担保にして、住み続けながらお金を借り入れ、死亡した時点で自宅を売却して一括返済する仕組みです。生活費にも活用できますし、リフォーム費用などにも使えます」

D「銀行の商品ですか」

太田「取り扱っている銀行もあります。それに、国の制度として『不動産担保型生活資金』という制度もあります。ほぼ仕組みは同じで、国の制度の窓口は社会福祉協議会です」

持ち家はあるが現金が少ない場合の選択肢

リバースモーゲージとは自宅を担保に融資を受けるシニア層向けの融資です。融資金は、一括で受け取る方法と、定期的に受け取る方法があります。定期的に受け取る形にすれば、年金プラスの収入となりゆとりが生まれます。「自宅」はあるけれども、年金が少ない親には選択肢と

なる可能性はあるでしょう。ただし、長生きした場合に、融資額が限度額に達してしまうなどのリスクがあります。金融機関ごとに内容は異なるので、検討する場合はしっかり詳細を確認しましょう。

国が実施している同様の制度に「不動産担保型生活資金」があります。対象は65歳以上の低所得世帯。やはり、死亡する前に限度額に達した場合、貸付は停止に。しかし、貸付利子は発生します。

親の自宅を貸し出す方法も

一方、親の自宅を現金化する方法として貸し出すことも考えられます。親は住み続けることはできませんが、施設入居する際には賃料を施設への支払いに充てることもできるでしょう。

一般的な賃貸だと、借り手がいなくなったときのことが不安ですが、一般社団法人移住・住みかえ支援機構（JTI）が実施する「マイホーム借上げ制度」では、1人目の入居者の決定以降は、空室となっても規定の最低賃料が保証されます。終身にわたって借り上げられるので安心感があります。ただし、設定賃料は相場よりも安く、諸経費もかかります。詳細はJTIのウェブサイトを確認してください。

自滅する人 ▶ ▶ ▶

実家の現金化、メリットばかり鵜呑みにする

自分の人生を大切にする人 ▶ ▶ ▶

実家の現金化、リスクを精査する

10 親が騙された！ 悪徳業者や 振り込め詐欺に注意

■ 親は「儲かる」という言葉に弱い

 Aさん（50代男性）既婚・東京 ● 両親（80代）長崎

A「親のことで心配なのは介護のことだけじゃないんです。うちの父親は『儲かる』という言葉に弱くて」

　　太田「何かありましたか」

A「1年ほど前、『上場間近の未公開株』があると電話で勧誘を受け、220万円ほどやられました。母は『手を出しちゃダメ』と言ったようですが、父は『値上がり確実』という言葉を真に受けて。結局、株券は手元に届いたけれど発行会社に問い合わせたら上場の予定はなく詐欺だったことが分かりました」

　　太田「高齢者は狙われるんですよね。遠距離介護を行う子の多くが『親が被害にあったことがある』と言っておられます」

A「悪徳ではないですが……。父は、証券会社の人をすぐに家にあげるんですよ。僕でも意味不明の外国債などを購入していることもあり……」

怒ったりバカにしたりしない

「親が騙されないか……」というのは、離れて暮らす子の共通の悩みの1つです。腹立たしいことですが、日本全国、都市部、地方限らず、隅々まで悪徳業者は活動しています。Aさんの父親は「電話勧誘」で被害を受けたようですが、「訪問業者」による騙しも横行しています。

「屋根がずれている。放置すると大変なことになる」などと言葉たくみに要らぬ工事をさせるようです。なかには、断ろうとしても、いつまでも帰らないから「仕方なく契約した」とか、「お金を払った」という親もいます。

「心配なことがあったら、いつでも電話をして」と伝えておきましょう。騙されるほうが悪いのではなく、騙すほうが悪いのですから、もし騙されたことが分かっても怒ったり、バカにしたりしないことも大切です。親のプライドを傷つけると、SOSを発してくれなくなります。

振り込め詐欺も心配ですね。「離れて暮らす子」を名乗ることが多いようです。被害にあわなかった人は、「本物の子（孫）とは声や話し方が違った」とか、「話の内容に矛盾があった」などと言います。

事前に「電話での呼びかけ方」や「合言葉」などを決めておくことが大切です。警察庁では、留守番電話に設定しておき、犯人と直接対応する機会を一旦遮断することを勧めています。また、防犯機能を備えた電話用機器の無償貸与（購入補助）をしている自治体もあるので、警察や役所に問い合わせてみましょう。

ちなみに次ページの通り、「自分は被害にあわないと思う」と答える人の割合は年齢を重ねるごとに高くなっています。しかし、騙されないという自信とは裏腹に、高齢になるほど被害は増えます。

地域の目で見守ってもらう

やっかいなのは、高齢者を食い物にしようとするのが悪徳業者だけではなく、名だたる企業も含まれるということです。Aさんの父親もよく

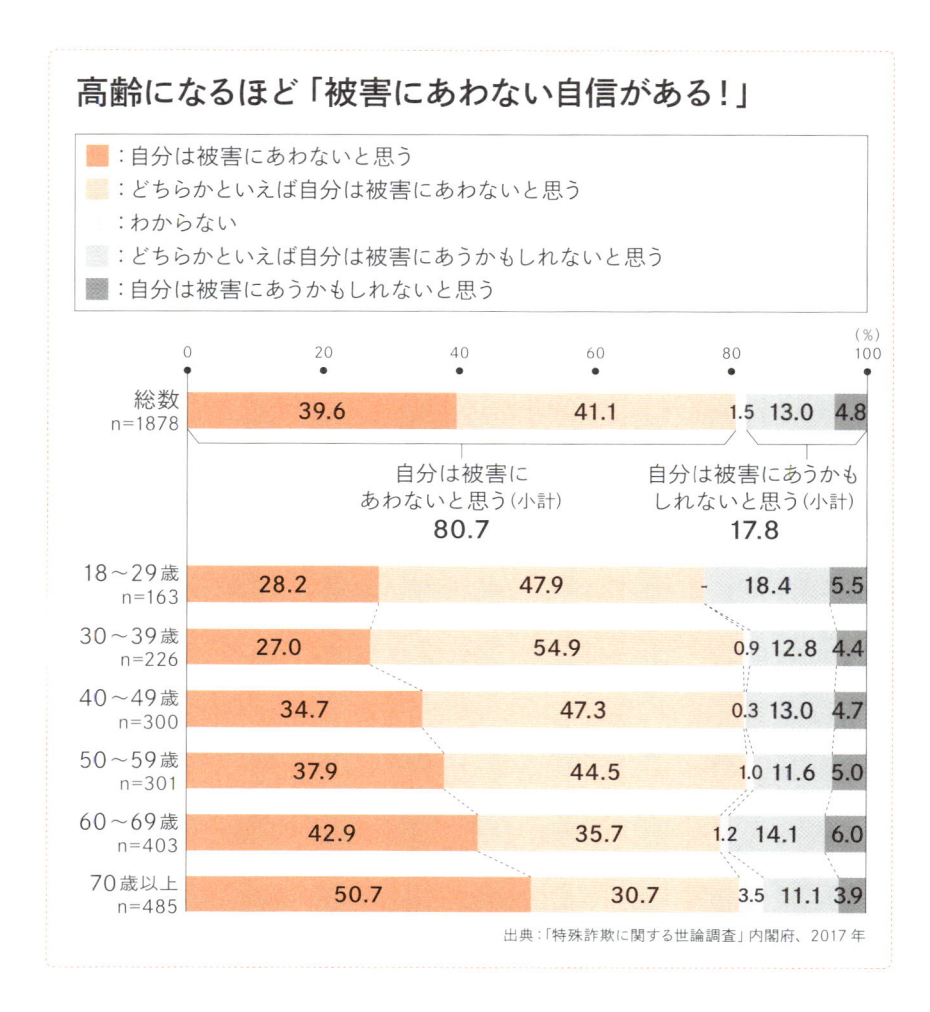

高齢になるほど「被害にあわない自信がある！」

凡例:
- 自分は被害にあわないと思う
- どちらかといえば自分は被害にあわないと思う
- わからない
- どちらかといえば自分は被害にあうかもしれないと思う
- 自分は被害にあうかもしれないと思う

	自分は被害にあわないと思う	どちらかといえば自分は被害にあわないと思う	わからない	どちらかといえば自分は被害にあうかもしれないと思う	自分は被害にあうかもしれないと思う
総数 n=1878	39.6	41.1	1.5	13.0	4.8
18〜29歳 n=163	28.2	47.9	-	18.4	5.5
30〜39歳 n=226	27.0	54.9	0.9	12.8	4.4
40〜49歳 n=300	34.7	47.3	0.3	13.0	4.7
50〜59歳 n=301	37.9	44.5	1.0	11.6	5.0
60〜69歳 n=403	42.9	35.7	1.2	14.1	6.0
70歳以上 n=485	50.7	30.7	3.5	11.1	3.9

自分は被害にあわないと思う（小計）80.7

自分は被害にあうかもしれないと思う（小計）17.8

出典：「特殊詐欺に関する世論調査」内閣府、2017年

分からない外国債を購入しているとのことですが、そのような話もよく聞きます。日本証券協会では高齢者への販売に対してガイドラインを設けていますが、守られないこともあるようです。ゆうちょ銀行による高齢者への不適切な投資信託販売や郵便局員によるかんぽ生命商品の不正販売は記憶に新しいところです。有名百貨店が認知症の高齢者に1000万円分以上の衣類を販売し裁判になっていたこともありました。

　一方で、地域の呉服店が頻繁に出入りして親に着物を買わせる、とい

った声もよく聞きます。宗教の勧誘なども多いようです。親の信仰を子が制限することはできませんが、「かなりのお布施をしているようだ」と悩む子の声も聞きます。

親の担当ケアマネジャーや、近所の親戚、民生委員などと話す際には、そうした不安も告げておくと、万全とはいえないものの気にかけてもらえることもあります。

実際、実家近所の民生委員から「親御さんの家に、工事が入っているけれども知っているか」という電話をもらって、ぎりぎりのところで事なきをえた、という人もいました。

騙されたことを知った場合には、地元の消費生活センターに相談しましょう。場合によっては、クーリングオフを使える可能性があります。クーリングオフを使えなくても、何らかの手立てがあるかもしれません。

どのような騙しの手口が横行しているかを知りたい場合、国民生活センターの「見守り新鮮情報」というメルマガが役に立ちます（登録無料）。帰省の際に、関連のある記事を親に見せて注意を促しているという人もいました。また、もし親に認知症の症状がある場合は、前項の「成年後見制度」の利用も検討しましょう。不要な契約をしても、なかったことにできます。認知症というほどでもないけれどもお金の管理面で不安が出てきたら、「日常生活自立支援事業」が役立つ場合もあります（P160）。

自滅する人 ▶ ▶ ▶

親が悪徳業者に騙されたら、「バカだなあ」と言う

自分の人生を大切にする人 ▶ ▶ ▶

親が悪徳業者に騙されても、怒らない、バカにしない

日々のお金の
管理が難しくなってきたら?

成年後見制度 (P150) を使うほどではないけれど、物忘れなどのある親の金銭管理には不安があるものです。

　同居や近居ならサポートできても、中距離・遠距離では難しいケースが多くなります。そんなときに利用したいのが「日常生活自立支援事業」です。国の事業で、窓口は地元の社会福祉協議会。定期的に訪問してくれて、福祉サービスの利用の手続きや暮らしに必要なお金の出し入れを手伝ってくれます。預貯金の通帳や保険証券などの大切な書類を金融機関の貸し金庫で保管してくれたりもします。援助のための訪問は1回1000円前後、書類の保管料として年間2000〜3000円程度（自治体によって異なります）。

　親本人の意思で契約できることが利用条件となりますが、日常的なお金の管理面で気がかりなことがあれば問い合わせてみましょう。

5章

賢く
「施設」を利用する

1 施設介護への移行のしかた

お試し入居が功を奏すことも

Bさん（40代女性）既婚・埼玉 ● 両親（70代）新潟

B「父の認知症が進んだら、施設も考えたいと思います。でも、きっと嫌がりますよね」

太田「親の多くは自宅にいたいと願っておられます。P81のみどりさんの話でも紹介したように、最期まで在宅が絶対にムリというわけではありませんが、特に認知症の場合は限界が生じることが多いです」

B「親に入居を納得してもらう良い方法はあるのでしょうか」

太田「施設入居の前にショートステイや体験入居を利用するとうまくいくケースもあります」

短期入居で施設に慣れてもらう

　施設に入居することを嫌がる親はとても多いです。嫌がられると、子としても忍びない気持ちになります。けれども、特に認知症がある親で、火の始末ができなくなったり、外出して1人で帰宅ができなくなったりすると、在宅での暮らしは限界です。隣近所から「何とかしてくれ」と言われることもあるでしょう。Bさんのところは、父親本人の認

離れて暮らす子が親の施設入居を決断するのは……

1. 親が1人でトイレに行けなくなったとき
2. 火の始末に不安が生じてきたとき
3. 食事をとらない、転倒するなど生活に支障が生じてきたとき
4. 介護を行う家族の共倒れが心配になってきたとき
5. 親の介護度が「要介護4」になったとき

知症の進行状況に加え、介護者である母親の共倒れを防ぐために決断しなければいけないときがくるかもしれません。

　施設入居を嫌がる親に入居を促すには、時間をかけて話し合う必要があるでしょう。一緒に見学をして、「悪いところではない」と理解を促すことが功を奏すこともあります。一方、体験入居やショートステイで「施設」に慣れてもらうとうまくいくケースがあります。

　在宅で介護保険のサービスを使う際に、ケアプランのなかに「ショートステイ」を組み入れてもらいます。例えば、特別養護老人ホームでのショートステイを利用するとします。最初は、月に3泊くらいで利用し、要介護度が上がれば1週間くらいに延ばします。最終的に、在宅と施設とを1週間ごと交互に生活するくらいに（その間に、入居申し込みを）。そして、その特養に空きが出た段階で入居してもらいます。

　とはいえ、どうしても親が納得してくれないこともあります。「少しの間だから」とウソをついて置いてきたという人もいました。できるだけ避けたいですが、致し方ないこともあるのかもしれません。

入院から施設入居に移行する場合

　Bさんのケースでは該当しませんが、入院していた親が退院するタイミングで、そのまま施設へ入ってもらおうと考えるケースもあります。

　有料老人ホームなどでは体験入居できるところが多いです。退院となったら自宅に戻らずに施設で体験入居。親が不満を言わない場合は契約

します。入居一時金を支払う施設の場合も、契約日から 90 日以内であればクーリングオフにより返還されるので、最終判断はその間に。

ただし慌てて事を進めると、後から「こんなはずでは」ということが出てくることもあります。P170〜、174〜も参考にしてください。

▐▐ きょうだい間の意見調整

B「きょうだいの意見が合わなかったらどうすればいいでしょう。妹が『父を施設に入れるなんてかわいそう』と言い出しそうです」

太田「はい、きょうだい間で意見に食い違いが出ることは多いです。切羽詰まってからではなく、早めに相談を始めたいですね」

B「分かりました。今から、少しずつ施設についても話題に出すようにします」

切羽詰まった段階で、家族で、あーだ、こーだともめると、時間が経過するばかりか精神的にも消耗します。恐らく、親は施設入居を嫌がるので、もめるのではなく心を 1 つにして、親のフォローに当たりたいものです。早い段階から、一緒に資金計画を練り、見学にも行けると理想的です。

自滅する人 ▶▶▶

親の施設のことを切羽詰まってから考える

自分の人生を大切にする人 ▶▶▶

親の施設入居について早めに家族間で相談開始

ショートステイと体験入居の違い

ショートステイ

特別養護老人ホームや介護老人保険施設などに短期間宿泊し、
日常生活上の世話や機能訓練 (リハビリ) などを受けます。
利用する施設によって
「短期入居生活介護」と「短期入居療養介護」とに分かれます。
要介護1から利用可。
連続した利用は30日まで。
介護保険の利用可。

体験入居

有料老人ホームなどへの入居を検討する際に、
お試しで滞在し日常生活上のケアを受けます。
利用する施設によって、利用できる日数や費用は異なります。
例えば、「2泊3日」「10日まで」などさまざまです。
介護保険の利用不可。

2 特別養護老人ホーム入居は遠距離介護に有利

▌ 必要度合いが高い人順

🧑 Bさん(40代女性)既婚・埼玉 ● 両親(70代)新潟

> **B**「P168の特別養護老人ホーム(特養)の料金表を見ました。住民税非課税世帯の親なら、お安いですね。混んでいるという報道を見聞きしますが、入れるものなのでしょうか」

> **太田**「地域によって混み具合はだいぶ違うようです。待機期間が数年に及ぶところがある一方、すんなり入居できるところもあります」

> **B**「どこもかしこも混んでいるわけでもないのですね」

> **太田**「はい、それに、特養の入居に遠距離介護は有利に働きます」

介護者高齢・遠居は加点対象

　特養への入居は申し込み順ではなく、必要度合いの高い人が優先されます。保育園の入園と似たスタイルで、通常ポイント式になっているのです。自治体によってポイントの基準は異なりますが、要介護度は高い方がポイントは高くなります。また、介護者が高齢だったり、遠方に暮らしていたりする場合も加点されます。つまり、子が遠方から通う遠距離介護の場合、特養入居は有利に働く傾向があるということです(Bさ

んのケースでは、妹さんが親御さんとどの程度離れたところに暮らしているかで状況は変わるかもしれません）。

　入居を申し込めるのは、原則要介護3からですが、状況によっては要介護1から受け入れるケースもあります。実際、認知症で要介護1と認定された親が、「即入居できた」という人もいました。特に、新設されたばかりの特養は入りやすい傾向があります（ケアマネジャーによっては、新設のタイミングを教えてくれるようです）。

　入居を希望する場合、複数の特養に申し込むため、実数よりも待機者数が多くなっていることが一般的です。結果、待機者数が多くても、意外と早く入居可の連絡がくることもあります。

地方の特養には空きがあるところも

　現在の遠距離介護では、どちらかといえば子は都市部に暮らし、親は地方に暮らすケースが多いといえます。

　民間の高齢者施設（有料老人ホームなど）の費用は、一般的なマンションなどと同じく立地に影響されやすく、利便性の良いところは料金が高く、地方は安い傾向があります。東京都内だと1カ月25万円以上するような民間施設でも、地方だと15万円ほどで入居できるところもあります。

特養入居の優先順位が高いのは（例）

不利	有利
● 介護度低い	● 介護度高い
● 在宅サービス利用せず	● 在宅サービスたくさん利用
● 認知症なし	● 認知症重度
● 主たる介護者が現役世代	● 主たる介護者が高齢
● 主たる介護者と同居	● 主たる介護者と遠居
● 主たる介護者は健康	● 主たる介護者が病気、要介護

介護保険施設でかかる費用の目安

1割負担の親が特別養護老人ホームに入居ケース
（ユニット型個室）

（円）

非課税年金
（遺族年金・障害年金）
も含める

		1割負担	高額介護申請 (月)	食費 (月)	居住費 (月)	合計金額 (月)
I 住民税 非課税世帯 （年金収入80万円以下など）	要介護3	24,200				
	要介護4	26,300	15,000	390 ×31= 12,090	820(*) ×31= 25,420	52,510
	要介護5	28,400				
II 住民税 非課税世帯 （上記 I 以外）	要介護3	24,200				
	要介護4	26,300	24,600	630 ×31= 20,150	1310 ×31= 40,610	85,360
	要介護5	28,400				
上記 I、II 以外 （軽減なし）	要介護3	24,200		1392 ×31= 43,152	2006 ×31= 62,186	129,538
	要介護4	26,300	申請 不可			131,638
	要介護5	28,400				133,738

単身で1000万円、夫婦で2000万円の
蓄えがあると、住民税非課税世帯でも
食費、居住費の軽減不可

（＊）多床室なら
居住費820円→
370円なので
合計 38,560円

上記は月額利用料の目安であり、
別途各種加算があります
（1カ月31日で計算）

一方、特養に入居する場合は、住民税が課税か非課税かで料金は変わります。同じ居室で、同じサービスを受けても左表の通り月額料金に2倍以上の開きが生じ、課税の親であれば、各種加算などにより1カ月15万円ほどとなることもあります。非課税の親でも、単身で1,000万円、夫婦で2,000万円の蓄えがあると軽減されません。

　よって、特養と民間施設との間に料金差があまりなく、地域によっては特養がそれほど混んでいないところもあるわけです（特養ではおむつ代なども介護費に含まれます。それら諸々を考慮すると軽減を受けられなくても総じて特養は民間施設よりもリーズナブルだといえます）。

　一例ですが、都心部であれば、西多摩地区などは待機期間が短い傾向があり、「西多摩特養ガイド」というウェブサイトが作られています（特養は親の住んでいる地域以外でも申し込み可）。

※西多摩特養ガイド
https://www.nishitama.jp/

自滅する人 ▶▶▶

「特養は混んでいてどうせ入居できないから」と申し込まない

自分の人生を大切にする人 ▶▶▶

目標を「特養」と定めたら、複数に申し込む

▌▌▌ 介護型?　住宅型?

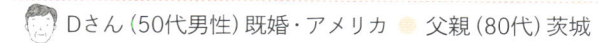 Dさん（50代男性）既婚・アメリカ　●　父親（80代）茨城

D「当面は在宅でだいじょうぶそうですが、いつかは施設になるかもしれません。施設って、たくさんの種類があるようですが、どのように選ぶんですか」

太田「大きく分けると、『介護型』と『住宅型』に分かれます。さらに、費用面でも『公的』なところと『民間』に分けられます」

D「施設なのに、『住宅型』なんてあるんですか。『住宅型』では介護を受けられないのですか」

太田「日本中で増加している『サービス付き高齢者向け住宅』などは、高齢者向けの賃貸住宅です。介護を受けたい場合は、在宅のときと同じように外部の事業者と契約して利用します」

D「なんだかややこしいですね」

再度となれば負担は大きい

　施設選びで最初に迷うのは、親の居住地近辺か子の居住地近辺か、どちらで探せばいいかということ。P37でも説明したように、状況ごとに

メリット・デメリットを考えましょう。

ここでは、親の居住地近辺の施設を選ぶと想定します。

親が入居した後も、遠距離介護のケースでは頻繁に施設に通えるわけではありません。もし、入居後に不自由を感じることがあっても、親本人が直訴できなければガマンを強いられることに。また、何らかの事情で退去することとなり、再度施設を探す必要が生じると、遠距離の場合、見学からの再スタートは負担が大きいといえます。親にとっても、転居は大儀なことでしょう。

だからこそ、最初に探す段階で慎重になるほうがいいと思います。施設の種類は非常に多く、その内容は複雑です。ことを難しくしているのが、同じ種類の施設でも、それぞれ設備も介護の内容も料金も異なるという点です。

見学を欠かさない

少なくとも３か所、できれば５か所くらいの施設を続けて見学することをお勧めします。時間の確保が難しい場合、「施設とはどんなところか」を知るために、呼び寄せる予定がなくても予行演習として自分の生活圏内の施設から見学してみるといいでしょう。複数に足を運べば、設備やソフトの情報を視覚的に得られるだけでなく、費用についても説明があるので、自然と仕組みを理解できるようになります。予行演習をしておくと親の居住地近辺で探す際には「見学」に慣れているので、的確に見たり、質問したりできるようになっているはずです。

見学の時間帯でお勧めなのは、ランチタイムの頃。食事のために入居者が食堂に集まります。食事内容はもちろん、どの程度の介護度の人が多く、どのような介助を受けているか、入居者の男女比、また入居者とスタッフの会話、入居者どうしの会話や表情なども見て取れます。

見学に行った際には「重要事項説明書」をもらってください。パンフレットには良いことばかりが羅列されており、あまり参考になりません。「重要事項説明書」には具体的な事項や数字が記載されており、施

施設の「介護体制」の違い

	介護型 （介護保険施設・特定施設）	住宅型
契約	入居する施設と契約	別途サービス提供事業者と契約
介護スタッフ	原則、施設職員による24時間体制	施設外の職員により契約した時間のみ
料金	要介護ごとの定額制	契約した内容により変わる
ケアプラン	施設のケアマネジャーが担当	施設外のケアマネジャーが担当
終の棲家	なり得るケースが多い	なり得ないケースが多い
メリット	費用が一定額でわかりやすく、24時間切れ目なく介護を受けられる	必要なサービスのみ選択できる。介護度が低いときは効率的

設選びの参考になります。

介護目的なら介護型

　介護度が重くなり施設を選ぶ場合は、介護型の施設（介護付き有料老人ホームや特別養護老人ホームなど）を選ぶほうがいいと思います。介護型であれば施設の職員から24時間体制で介護を受けられるので安心感があります。サービス付き高齢者向け住宅、ケアハウスなどでも「特定施設」の指定を取得しているところは介護型です（P39の★）。

　一方、住宅型で介護を受ける場合は、見学時にでも、24時間体制の介護（食事介助やトイレ介助、入浴介助など）が必要になった場合には、どのような形で介護を受けられるのか、必ず確認してください。費月についても聞いてみましょう。なかには、介護度が上がるとオプションが多発し、高額になるところもあります。あるいは、「こちらでは看ることができません」と言われて退去（P184）を促されるケースもあり

ます。

- ●もし、寝たきりになっても住まい続けられるか
- ●もし、認知症が進んでも住まい続けることはできるか

を確認し、これまでの実績と新たに生じる費用について確認しましょう。

施設の種類を押さえておこう

　同じ種類の施設でも、それぞれ設備も介護の内容も異なるとはいえ、大枠で種類も押さえておきましょう。

　公的施設とは、P39表の「介護保険施設」と「福祉施設」を指します。また、「介護型」と「住宅型」とで左のような違いがあります。

在宅のまま利用する「小規模多機能ホーム」とは

　P39表のいちばん下「小規模多機能ホーム」は在宅のまま利用する施設です。日中通ってデイサービスとして利用するほか、必要に応じてスタッフがホームヘルパーとして自宅を訪問してくれます。また、宿泊設備があるため、何らかの事情で在宅では不安なときには宿泊することも。ケアマネジャーも所属しているので、介護保険サービスに関することが1か所で完結します。遠距離介護の場合、連絡しなければいけない拠点が1か所に絞られるのは助かります。

　ただし、裏返せば、1か所で完結するサービスのため、他のデイサービスやホームヘルプサービス、ケアマネジャーを利用することはできません。親との相性が悪ければ、居心地の悪いことになるリスクも。

自滅する人 ▶▶▶

「入居できれば、どこでも！」と考える

自分の人生を大切にする人 ▶▶▶

「親の性格、心身の状況に合う施設を」と考える

看る者がいない！
介護者不在のピンチには「老健」が選択肢

▌▌ 老人保健施設で特養待ち?

👤 Eさん（30代男性）シングル・長野（母親（65歳）、祖母（90代）と同居）

E「もし祖母の特別養護老人ホーム（特養）入居までの待機期間が長くなりそうな場合、何か方法はあるでしょうか」

太田「推奨できる方法ではありませんが、老人保健施設（老健）に入居して特養が空くのを待っている高齢者は少なくありません」

E「老健って、もともとは在宅復帰を目指す施設でしたよね」

太田「その通りです。在宅復帰を目指す施設なので、入居期間は3カ月くらいが目安です。だから、空きが出やすいんです。そのため、特養を待機中の人が利用することもあるのです。なかには3カ月ごとに、老健を転々としている人もいます」

長期化も想定して

　遠距離介護では、地図上の距離があるがゆえに、「介護者不在」のピンチに陥ることがあります。

　家族で看ることはできない、でも特養には入れない、経済的ゆとりもないという状況が起きたら？

　なかには、「お金のことは後から考えよう」と高額な民間施設を選ぶ

人がいます。親が支払えるならいいですが、払えなければ保証人になる子が払うことになります。月々、数十万円単位の支払いになった場合、資金計画なしだと破たんします。「1、2年のことだから」と突き進む人もいますが、施設に入居後は3度の食事をとりリハビリなども行いますから、どんどん元気になる親もいます。心情的には嬉しいことですが、長期化し、経済的に頭を抱えることになるケースもあります。

時間稼ぎをして自滅を防ぐ

そんなときは、無計画に突き進まずに「老健」のことを思い出してください（老健の待機にも時間がかかりそうな場合は、連続30日のショートステイを利用するなどの策がないかケアマネジャーと相談を）。

老健に入って3カ月の時間稼ぎをできれば（それ以上いられることもあります）、親の状況も好転し、再び、1人暮らしが可能となるかもしれません。難しい場合も、3カ月あれば、資金計画を立てたうえで施設を見学し、比較検討することもできるでしょう。複数の老健もしくは病院と老健を3カ月ごと行き来しているうちに、特養に入居できるケースもあります。

自滅する人 ▶ ▶ ▶

「お金のことは後で考えよう」と
高額な民間施設と入居契約

自分の人生を大切にする人 ▶ ▶ ▶

時間稼ぎをしつつ、資金計画・見学などを行う

放置……?
親と同居するきょうだいが介護に無関心な場合

▌ 介護度が進み不自由が生じてきたら?

🙂 Gさん（50代女性）既婚・愛知 ● 母親（70代）静岡 ● 父親（80代）神奈川

G「現在、母は要介護1なので、まだ身の回りのことはできます。でも、要介護度が進むことも考えられます。実家に居候する弟が、このまま母のことに無関心を決めこめばどうすればいいでしょう」

太田「弟さんのことを信頼できないなら、お母さまに施設に入ってもらうことも考えておくほうがいいでしょう」

G「お金があるわけではないので、特別養護老人ホームですね。P166を読みましたが、弟が同居していることにより、入居の優先度合いは低くなりますよね」

太田「そういう側面はあります。でも、もし弟さんが必要な介護をしないなどの問題が生じたら地域包括支援センターに相談してください。緊急枠での対応を考えてもらえるケースもあります」

異変がないか見守る

　介護を必要とする親が介護に無関心な子（あなたにとってのきょうだい）と同居している場合、遠距離の者は、どのように手出しをすればよいのでしょう。

現在、Gさんの母親は身の回りのことはできる状態です。家事や弟の世話を行うことが、母親の元気の源になっている面もあるかもしれません。しかし、いまは、問題なくても、2人の関係を見守りましょう。親と子の2人暮らしは煮詰まりやすく、虐待を生みやすい構造にあります。P116〜でも説明した通り、虐待とは、暴力だけでなく、必要な介護を行わないネグレクト（介護放棄）も含みます。

弟のことを信頼しきれないなら、母親の担当ケアマネジャーに事情を話し、「気がかりなことがあれば連絡をしてほしい」とお願いしておきましょう。また、Gさんが実家に行ったときには、母親の生活状況、環境に変化がないか観察の目を。

「緊急枠」で入居できる場合もある

万が一、親が必要な介護を受けられず不自由が生じるようなことがあれば、早急に地域包括支援センターに相談してください。

緊急時に対応できるよう、通常、特別養護老人ホームでは空ベッドを確保しています。

虐待に限ったことではなく、介護者の死亡や病気などにより在宅での介護が緊急的に難しくなれば、入居決定となるケースもあります。

自滅する人 ▶▶▶

「親はきょうだいと同居しているから大丈夫」と関知しない

自分の人生を大切にする人 ▶▶▶

親ときょうだいの関係を見守り、異変があれば即対応する

6 経営母体は一緒?
介護型、住宅型、複数の施設を運営する法人

▌▌▌ 病院併設の施設に

👤 Fさん (40代男性) 既婚・東京 ● 両親 (70代) 北海道

F「これまで聞いたことを参考にしつつ、5か所くらいの施設を見学しました。そして、結局、母だけ入居することに。母が入院したことのある病院がグループホームを経営していることが分かったのです。実家からはタクシーで1メーターの距離です」

太田「よかったですね。病院併設なのも安心ですね」

F「同じ敷地内に介護付き有料老人ホームも併設しているので、父も、もし何かあったらお世話になると言っています」

太田「見通しが立ちましたね」

F「父と運転免許の話もしました。当面は、日中、慣れた道だけ、ってことで。更新できても、82歳には返納すると言ってくれました」

同一経営だと入居後に移動しやすいケースも

施設の情報収集を始めると、形態の異なる複数の施設を運営する法人が目にとまると思います。医療法人では、Fさんが見つけたところのように、総合病院を柱に、老人保健施設や有料老人ホーム、グループホー

ムなどを経営。一方、社会福祉法人は、特別養護老人ホームを柱に有料老人ホームやケアハウスなどを経営していたりします。株式会社も同様です。

　複数の施設を運営する法人がいいというわけではありませんが、決めかねる場合は候補として検討してみましょう。グループ内であれば、親の心身状況に変化が生じた際に移動できるケースもあるからです。例えば、住宅型有料老人ホームに入居していた親が認知症となり、同じ経営母体のグループホームや介護付き有料老人ホームに移ったという話をしばしば耳にします（移動によって生じる費用については施設ごとに違うので、入居前に確認を）。

　また、医療依存度の高い親の場合、同じ敷地や近所に同一経営の病院があると連携をとりやすい傾向があります。特に家族がすぐに駆けつけにくい遠距離介護の場合は、「安心感が高い」という声を聞きます。

特養狙いなら同一経営の他施設で待機も

　Fさんの両親の場合は当てはまりませんが、特別養護老人ホームの入居を目指す場合も、まずは同じ経営母体が運営する老人保健施設やケアハウスに入居するのも一案です。必ずとは言えませんが、入居して待機していれば、多少の融通をつけてもらえるケースがあるようです。

自滅する人 ▶ ▶ ▶

併設施設には関心なし

自分の人生を大切にする人 ▶ ▶ ▶

入居候補とする施設の併設施設の情報も得る

どの程度施設に通えば?

施設入居後の
子の役割

▌▌ 親が施設入居後の通いの頻度

👤 Dさん（50代男性）既婚・アメリカ ● 父親（80代）茨城

D「親が施設に入居した場合、皆さん、どれくらいの頻度で施設に
通われるのですか」

　太田「在宅での遠距離介護と同様、ケースバイケースです。入居
　後しばらく慣れるまでは頻繁な訪問も必要ですが、その後は自分
　のペースで。Dさんのように海外からだと、頻度高く通うことは難
　しいですものね」

D「これまで通り、弟と協力してってことなんでしょうね」

　太田「頻度よりも、子の役割をいま一度考えておくことの方が大
　事だと思います。その役割を担うために、どうすればいいかという
　視点で。在宅のときと同じように、電話やメールでもある程度のコ
　ミュニケーションを確保することはできます。Dさんのお父さまは
　LINEができるようになられてよかったですね」

親が施設に入ってもマネジメントは続く

　親が施設に入ると、「介護が終わる」かのように考える人もいます。
しかし、通いの介護は続くと思っておくほうがいいでしょう。

最初が大切です。親が施設に慣れるまでの1〜2週間は、度々訪問して、環境整備に努めたいものです。生活するために必要な物品が揃っているかを確認したり、本人から聞いたりしましょう。また、新たな生活、他の入居者とも馴染めるよう、親の性格を施設スタッフに伝えます。スタッフも「どのようにすれば、快適に過ごしてもらえるか」を考えているはず。家族に聞きたいこともあると思います。

　親がその暮らしに慣れてきたら、自分のペースで通えばいいでしょう。通う頻度を自分に課すと、苦しくなってくることがあります。頻度を課すのではなく、自分の役割は何かと考えましょう。

　施設に入居後の子が行うべきことは大きく分けて3つです。

　まず1つ目は、「精神的ケア」。親の愚痴や不満、要望を聞きましょう。心身の状況に変化がないかも確認します。

　2つ目は「施設との窓口」です。施設入居後も「ケアプラン」が作成されます。「おまかせします」ではなく、親の意向を伝えたいものです。また、親の不満や要望が施設のサービスに関わることなら、施設に伝えます。例えば、親が「お風呂は週に2回だが、隔日で入りたい」と希望すれば施設に相談を。心身状況に変化を認めた場合も、施設に伝えましょう。逆に、施設から連絡が入ることもあります。

　3つ目は「お金の管理」です。親本人が管理することが難しいようなら代行します。入居前に確認しているはずですが、施設に支払う費用が底をつくことがないか通帳の残高は気をつけてチェックしましょう。親が居室で保管する金額についても相談し、授受方法を決めておきます。また、オプションにより例えば入浴頻度を隔日に増やせるなら、支払える額かどうか検討したうえで契約するのも子の役割です。

　これら3つの役割と重なりますが、入居時に身元保証人になるなら、その責任も担うこととなります。

目を光らせつつ良好な関係を築く

　ときたま報道されているように、高齢者を虐待するような施設がある

のも事実です。通っていった際には、親とスタッフの様子にも目を配りましょう。親から、何らかの訴えがあれば、施設長にアポを取って向き合う必要があります。「遠方に暮らしているけれども親のことをしっかり見ている子」だと、施設にも認識しておいてもらうほうがいいでしょう。

　ただし、P89でも説明した「ぽっと出症候群」となってしまわないように注意を。また、施設側に文句ばかりを言うのではなく、嬉しいことや感謝することがあれば、「ありがとうございます」とお礼を言うことも忘れずに。施設と家族は「vs」ではなく、二人三脚で親を支えていく関係です。

　施設には入居者本人や家族と共に話し合う「運営懇談会」や、入居者の家族で組織する「家族会」があるところもあります。「夏祭り」や「敬老会」など、家族を招いてくれる行事がある施設も多いです。可能な範囲で参加すると、親の生活へのモチベーションがアップすると思います。そうした機会を通してスタッフとも良好な関係を築くことができれば、親が良いケアを受けられることにつながります。

自滅する人 ▶▶▶

「施設入居＝介護終了」と考える

自分の人生を大切にする人 ▶▶▶

施設入居後も通いつつ「マネジメント」を継続

施設入居後の子の役割

1 精神的ケア

2 施設との窓口

3 お金の管理

費用の支払い保証	意思決定の代行

「身元保証人」
としての役割も

緊急時の連絡先	退去手続きや 遺体・荷物の引き取り

など

8 終の棲家か強制退去か 施設の分かれ道

▌▌ 介護医療院とは

Hさん（50代女性）既婚・千葉 ● 父親（90代）愛媛

H「うちの父は介護医療院という介護保険施設に移ることになりました。施設に区分されていますが、病院のなかにあります」

太田「2018年に新たにできた介護保険施設の1つですね。『看取り・ターミナルケア』などの医療機能と住み慣れた地域での『生活施設』としての機能を兼ね備えた施設、というか病床です」

H「医療保険で入る療養病床も検討したのですが、見学に行き、ソーシャルワーカーとも相談したところ、うちの父には介護保険施設の方が合うようでした」

太田「高齢の親は医療と介護の両方が必要になることが多く、選び方がますます難しいですね。終の棲家となることを願うなら、主治医やソーシャルワーカーともよく相談して決めたいですね」

長期療養できる病院のような施設

　長期療養できる「療養型医療施設（療養型）」には、医療保険で入るところと、介護保険で入るところがあります。区別があいまいなこと、医学的には入院の必要がなく在宅療養ができるにもかかわらず家庭の事

情で病院に居続ける「社会的入院」が問題となっています。そのため、2024年3月までに介護保険で入る「療養型」は廃止されることが決まっています。廃止後の転換先の1つとして、2018年にできたのがHさんの父親が入居する「介護医療院」です。

　余談ですが大切なことがあります……。医療保険で入る「療養型」は介護施設ではないので例えばおむつ代は別途実費となります（介護保険で入る施設でのおむつ代は介護費に含まれます）。なかには、持ち込み不可のところもあります。料金はさまざまですが、高額で驚くことも。例えば1日1500円だと、おむつ代だけで月額5万円近くになります。親の経済状態によっては払い切れない事態に……。

　必ず、別途費用には何がかかるか確認してから契約をしましょう。P171で紹介した「重要事項説明書」もしっかり読んでください。

▍ 施設退去を促されるとき

H「友人のお母さんは入居中のケアハウスから退去を促されて困っています。何とかならないものでしょうか」

　太田「なぜ、退去を？」

H「入居されたときはそうでもなかったのですが、認知症が進み、別の入居者の部屋に入るなどのトラブルを起こしているらしくて」

　太田「ケアハウスにも特定施設の指定をとった『介護型』がありますが、きっとその方は『住宅型』に入っていらっしゃるのでしょう」

「退去」を言いわたされることも

　親が施設に入居でき安心していても、実は、「退去」を言い渡されることがあります。大きな理由は右の5つです。

　Ｈさんの友人の母親は、②に該当しての退去勧告だと思います。特に「住宅型」では、介護体制がしっかりしているわけではないため、認知症の影響などでトラブルが起きると、暮らし続けることが難しくなることがあります。

　①は病気などにより常時点滴や胃ろうの措置が必要となったときなど。看護体制によって異なりますが「住宅型」だけでなく、「介護型」でも住み続けることが難しくなることがあります。医療依存度が上がった場合、Ｈさんの父親のように療養型や介護医療院も選択肢として検討してみましょう。

　③は経済的な問題です。料金を支払えなくなったら、当然退去です。④は施設の倒産や廃業、規模縮小など。現在、高齢者向けの施設はどんどん開設されていますが、なかには経営が成り立たずに倒産に追い込まれる施設もあります。有料老人ホームの契約形態は「利用権方式」といわれるもので根拠法はなく、どちらかといえば施設側に有利な内容となっています。何らかのトラブルが生じたときには、施設側から契約解除できる項目が設けられていることが一般的です。入居中に経営者が変更になった場合、契約は継承されません。たとえ経営が引き継がれても、月額料金がアップすることなどもありえます。

　⑤は介護保険施設限定の要因です。例えば、要介護4の母親が特別養護老人ホームに入居するとしましょう。入居後に元気になって要介護2になるとします。原則、特養の入居条件は要介護3以上のために退去を促される可能性があります（もし、このような事態に遭遇したら、P108で説明した「区分変更」を活用しましょう）。

入居後の「退去」を言いわたされる5つの理由

1. 継続した医療行為が必要となったとき
2. 他の入居者とのトラブルが増えたとき
3. 利用料を支払えなくなったとき
4. 施設の閉鎖
5. 介護度が低くなったとき（介護保険施設に入居の場合）

終の棲家となるか?

施設介護を選ぶとき、子の多くは「最期まで」と考えます。だとすれば、「看取り」を行うかどうか確認しましょう。しかし、「看取りまでしますか」と聞くと、「します」と言う施設が多いです。本当にできるかどうかは、医療体制などによっても違ってきます。「できますか」ではなく、これまでの実績を聞きましょう。

なぜなら、死期が迫ったときに退去となると、頭を抱えることになるからです。病院でも、長期入院ができないので、行き場がなくなりかねません（昨今は、ホスピスでさえ診療報酬の関係で長期入院できないことが一般的です）。特に、遠距離介護では、死期の迫った親を遠方の子の自宅に連れてくることは現実的ではないケースがほとんどだと思います。

詳しくは6章で説明しますが、「看取り指針」などについても、入居の際には確認しておきたいものです。

自滅する人 ▶ ▶ ▶

親が施設に入居したら「最期まで安心」と考える

自分の人生を大切にする人 ▶ ▶ ▶

施設入居後も「強制退去」があり得ることを忘れない

実家近所の介護事業所の情報は?

中距離介護・遠距離介護では、地図上の距離があるため、親の地元にどのようなサービスがあるか把握するのが難しいこともあります。

P18で説明している通り、親が暮らす住所地を管轄する地域包括支援センターに問い合わせるのがスムーズですが、まったく知識がないと、「そもそも、何をどう聞けばいいのか分からない」と不安になることもあるかもしれません。

そんなときは、「介護サービス情報公表システム」(厚生労働省)が役立ちます。親の住む自治体ごとに、介護保険などで利用できるサービスの事業所を検索することができます。また、「自宅に訪問して介護してもらう」「施設等に入居して介護してもらう」「福祉用具を利用する」など、受けたいサービスから検索することなども可能です。

インターネットで「介護／公表」と検索すると、サイトを見つけられます。

6 章

「最期」の向き合い方

1 そのとき、どうする?
心臓マッサージなどの 親の延命治療

子が決断?

 Hさん (50代女性) 既婚・千葉 ● 父親 (90代) 愛媛

H「親が療養型の施設に入居するにあたり、『延命措置』の希望を聞かれました」

太田「本人の意思を聞けるといいのですが、それが難しい場合、悩みますね」

H「『全ての処置を希望しない』としようかとも思ったのですが、薄情なように思えて……。悩みます。本人が元気なうちに聞いておけばよかった」

死期を延ばすか、延ばさないか

医療が進歩しています。ある程度死期を引き延ばすことが可能となり、そのことを「延命治療」と呼びます。

高齢の親が入院や施設に入居する際には、どうしたいかと希望を聞かれることがあります。

遠距離介護では、緊急時に親のところに駆けつけるのに時間がかかります。そのため、着いたときには、すでに「人工呼吸器がついていた」という声を聞くことも……。なかには、「延命は望んでいなかったのに」という人もいました。

また、人工呼吸器などは不要だけど、「心臓マッサージくらいはしてもらったほうが……」とお願いしたものの、後悔した人もいました。「心臓マッサージって、すごい力で行われるから肋骨が折れるのですね。知らなかったとはいえ、苦しい思いをさせてしまった」とのことでした。

こうしたことにならないよう、入院・入居の場合はしっかり考えた上で希望を伝えておきたいものです。在宅で過ごす親も、いつそのときが来るか分かりません。そのときになると、本人の希望を聞くことはかなわないので、元気なうちに聞いておくことが大切です。

きょうだいで意見が分かれるケースも

そのとき、親の意思が分からなければ、子が意思決定を代行することとなります。1人っ子なら、たった1人で決めなければなりません。自分の手中に親の命があるようで、親の希望が分からないと苦しい決断となります。きょうだいがいる場合は意見が割れる場合が少なくありません。1日も長く生きてほしいと願う者、自然な形で逝かせてあげたいと考える者。いずれを選んでも、親が亡くなった後まで意見の相違を引きずり、きょうだい関係がギクシャクしてしまうことも……。できれば、見解を統一しておきたいものです。

また、いったん装着した人工呼吸器は外せない、と聞いたことがある人は多いのではないでしょうか。2000年初期の頃、医師が人工呼吸器を外したことで殺人罪に問われることがありました。しかし現在では、薬物注入による安楽死は禁じられていますが、人工呼吸器の取り外しなどは認められており、実際、現場では取り外されるケースが少しずつ増えているようです。

▌▌ 親への聞き方

H「もう父に意思を聞くことはできそうにありませんが、夫の母は元気なので聞いておきたいなと思います。どのように聞けば？」

太田「切り出し方が難しいので、Hさんよりも実子であるお連れ合いが聞くほうがいいと思います」

H「確かに、私が唐突に聞くと不快かもしれませんね」

太田「例えばですが……、友人の親御さんが胃ろうを勧められて、友人が判断に悩んでいたとか、言ってみるのも一案です」

親に最期のときの希望をどのように聞くか……。難しい課題です。「終活」という言葉が広まり、「エンディングノート」を見かける機会が増えました。書店でも売られていますし、金融機関などの粗品として配布されていることもあります。親も入手しているかもしれません。

ただし、入手するところまでで、「実家に置かれていたが、1ページも書いていなかった」という声をよく聞きます。顔を合わせたときにでも「エンディングノートが流行っているけれど、お母さん（お父さん）は持ってる？」と聞いてみましょう。その流れで、「延命治療のことはどう考えている？」と聞いてみてはどうでしょう。

それでも聞きにくければ、友人や自分の話を引き合いに出してみるのも手です。「今は長生きの時代だし、私たち、どちらが先にお迎えが来るか分からない。私は、もし自分に延命措置が必要になったときには〇〇〇〇〇と考えている。お母さん（お父さん）はどう考えている？」であれば聞けるのではないでしょうか。

右は（公財）長寿科学振興財団がホームページに出している「事前指示書」（リビングウィルとも呼ばれます）の内容です。法的拘束力があるわけではなく、仮に医療者が事前指示書通りの医療を実施しなかったとしても、罰則はありません。

とはいえ、可能な限り事前指示（本人の意思）を基本にしたうえで治療方針を決定されるでしょう。代弁する子の負担軽減にも大いに役立つ

事前指示書の内容

● 自分に判断能力がなくなった際に、
　自分の医療やケアについて代わりに判断をしてほしい人は誰か

● 以下の医療やケアを受けたいか、受けたくないか　☐

❶ 心臓マッサージなどの心肺蘇生　☐

❷ 延命のための人工呼吸器の使用　☐

❸ 抗生物質の強力な使用　☐

❹ 胃ろう増設による栄養補給の可否　☐

❺ 鼻チューブ（経鼻からカテーテルを挿入し
　経管栄養剤を投与する）からの栄養補給の可否　☐

❻ 点滴による水分補給　☐

❼ その他の希望

出典：（公財）長寿科学振興財団のホームページ「健康長寿ネット（https://www.tyojyu.or.jp/net/）」より作成

と思います。かかりつけの医師とも相談し、親に署名してもらい、いざというときに提示できるようにしておきたいものです。ネットで「事前指示書／書式」と検索すると、複数出てくるので参考になります。

自滅する人 ▶ ▶ ▶

延命措置に関する希望は「そのとき聞こう」と考える

自分の人生を大切にする人 ▶ ▶ ▶

延命措置に関する希望は「元気なうちに聞こう」と考える

2 どのように最期を迎える？
「看取り」のための指針や体制

■ 心の準備

Eさん（30代男性）シングル・長野（母親（65歳）、祖母（90代）と同居）

E「祖母の特別養護老人ホーム（特養）の入居が決まりました。僕が東京に戻る予定があること、介護者である母親の体調が悪いことを説明したら、それらの事情も考慮してもらえたようです。実家から近所のところは待機者が多くて離れたところにはなったのですが、祖母も『仕方ない』と言ってくれました」

太田「よかったですね。これで東京に戻れますね」

E「特養から『看取り』についての説明も受けました。想像していたよりも体制がしっかりしているので驚きました」

太田「はい、看取りまで行う特養は増えています」

年代によって死因の順位は異なる

どのように親は最期を迎え、子は向き合うことになるのか……。P197 は、施設に入居してその後亡くなるまでの経過の目安を図解したものです。厚生労働省の資料（2017.7）によると特養の平均在所期間は約 4 年。安定期や衰弱を繰り返し、じょじょに看取りに達するケースが多いのでしょう。

日本人死因順位

| 1位 ● がん | 2位 ● 心疾患 | 3位 ● 老衰 |

年齢別にみると……

年齢	1位	2位	3位
60〜84歳	がん	心疾患	脳血管疾患
85〜89歳	がん	心疾患	肺炎
90〜94歳	心疾患	肺炎	がん
95〜99歳	心疾患	肺炎	老衰
100歳以上	老衰	心疾患	肺炎

出典：2018年「人口動態統計月報年計（概数）の概況」厚生労働省

　Eさんの祖母は90代ですが、本書を手にしてくださっている方の遠距離介護の対象者の年代はさまざまだと思います。実は、年代によって、死因の順位は上のように変わります。

　80代までの親はがんで亡くなることが多いですが、年齢を重ねるに従い、心疾患、老衰、肺炎が増えてきます（2018年に亡くなった人のうち、「老衰」による死者数が約11万人となり、「脳血管疾患」を抜いて死因の3位に。90歳以上の高齢者が多くなっていることが主な要因と考えられます）。つまり、親の年代によって最期の向き合い方には違いが生じる可能性があるということです。

　がんでは最期の2カ月くらいで急激にあらゆる機能の低下がみられることが多いのに対し、老衰では長い期間にわたりじょじょに機能が低下していくといわれています。

▌▌ 看取り指針？

　E「看取り指針ってあるのですね」

太田「はい、指針を作成し医療などの体制を築き、看取りまでの期間に指針にそったケアがなされると、施設は『看取り介護加算』という報酬を得ることができます。入居者はその自己負担分を支払うことになります」

E「ルールが決まっているのですね」

入居の際には看取り指針を確認

医師が「回復の見込みがない」と診断すると入居者や家族に説明が行われます。その後の療養や介護に関する方針について合意すると、入居者がその人らしく生き、その人らしい最期を迎えられるよう支援がなされます。

そのときが来たら、説明を聞き、看取り期のケアプラン作成に希望も伝えつつしっかり協力したいものです。

自滅する人 ▶▶▶

「看取り指針なんて縁起でもない」と耳を傾けない

自分の人生を大切にする人 ▶▶▶

「看取り指針」にはしっかり耳を傾ける

一般的な入居から看取りまでの経過

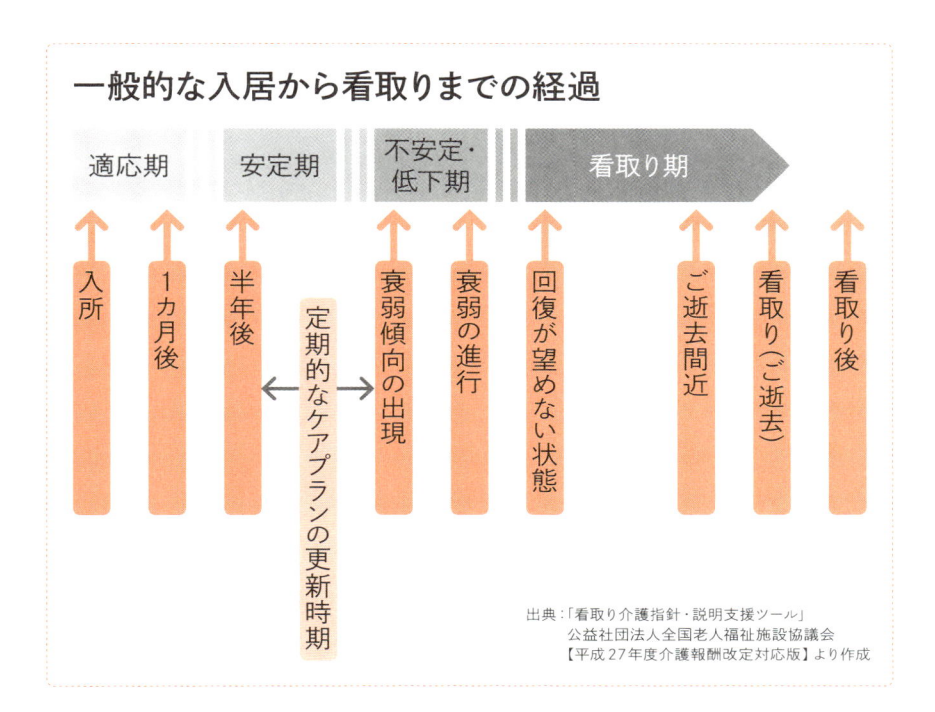

出典：「看取り介護指針・説明支援ツール」
　　　公益社団法人全国老人福祉施設協議会
　　　【平成27年度介護報酬改定対応版】より作成

「看取り指針」に盛り込まれている内容例

❶ 当該施設の看取りに関する考え方
❷ 終末期にたどる経過（時期、プロセスごと）と
　それに応じた介護の考え方
❸ 施設などにおいて看取りに際して行いうる医療行為の選択肢
❹ 医師や医療機関との連携体制（夜間及び緊急時の対応を含む）
❺ 入居者などへの情報提供及び意思確認の方法
❻ 入居者などへの情報提供に供する資料及び同意書の書式
❼ 家族への心理的支援に関する考え方
❽ その他看取り介護を受ける入居者に対して
　施設の職員が取るべき具体的な対応の方法

出典：「看取り介護指針・説明支援ツール」
　　　公益社団法人 全国老人福祉施設協議会【平成27年度介護報酬改定対応版】より

3 いつ、駆けつける？
親が「危篤」との 連絡があった場合

▌ 何度もの往復は難しい

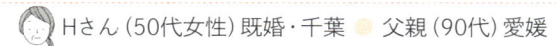 Hさん（50代女性）既婚・千葉 ● 父親（90代）愛媛

> H「昔、遠方で暮らす祖母が亡くなったとき、母が何度も往復していました。『危篤』の連絡を受けて駆けつけると、持ち直して……。安心して帰った途端、『意識不明』との連絡が……。結局、母は2週間ほど病院に泊まり込んでいました。でも、仕事があると難しいですよね」

> 太田「危篤になっても、幸いにして持ち直されることもありますね」

> H「近所なら、何度でも往復できますが、遠距離だと……。職場に、何度も『親が危篤で』とは言いにくいだろうと思います」

> 太田「皆さん、それぞれの状況で、できるように対処されていますよ」

親が危篤になったら……

　親の容態が急変したら、病院や施設から身元保証人に連絡が入ります。通常、家族は駆けつけることに……。

　ただ、遠距離の場合、難しい選択になることもあります。持ち直し

て、その後、容態の急変を繰り返すケースも……。生きていてくれることは嬉しくても、スケジュールの調整が難しくなることもあるでしょう。

できるようにするしかありません。親との関係は、生まれたときから40年、50年、60年……と続いてきたものであり、死の瞬間はそのなかの一部分です。立ち会えなかったからといって、それまでの関係が「無」になるわけではないと思います。

状況が許すのであれば、何度も往復する人がいる一方、飛んで行きたい気持ちを堪えて次の休みまで我慢する人もいます。なかには、P119で紹介した「介護休業」を取得して思い切って長期休暇とし、対象親の傍にいるという選択をする人もいます。

親がある程度の年齢になっていると、会いに行くたび「これが最期かもしれない」と別れ際に涙がこぼれそうになる、という声を聞くことがあります。また、帰省中になにがしかのケンカや言い合いをしても、「帰り際には意識して笑顔を作るようにしている」と話す人もいました。

看取り期に限ったことではありませんが、不安や心配のなかでの往復は精神的にもキツく、「不眠になった」という声を聞くこともあります。場合によっては、自分自身が倒れないように、睡眠導入剤などを処方してもらうことも一案です。

また、ときおり聞くのは、対象親の身近にいるもう一方の親やきょうだいから、過度に「危なそうだ」と呼び出されるという声。身近にいる者の立場になれば仕方のないことだと思います。しかし、あまりに度重なるようなら、駆けつけた際に、いまどれほどの危険が迫っているのか直接医師から聞くといいでしょう。

警察による検案とは

一方、「危篤」の期間を経ずに亡くなることもあるでしょう。病院ではなく自宅や施設で、医師の立ち会いがないなかで亡くなるケースもあります。発見したら、かかりつけの医師がいる場合は連絡します。24

死亡診断と死体検案の流れ

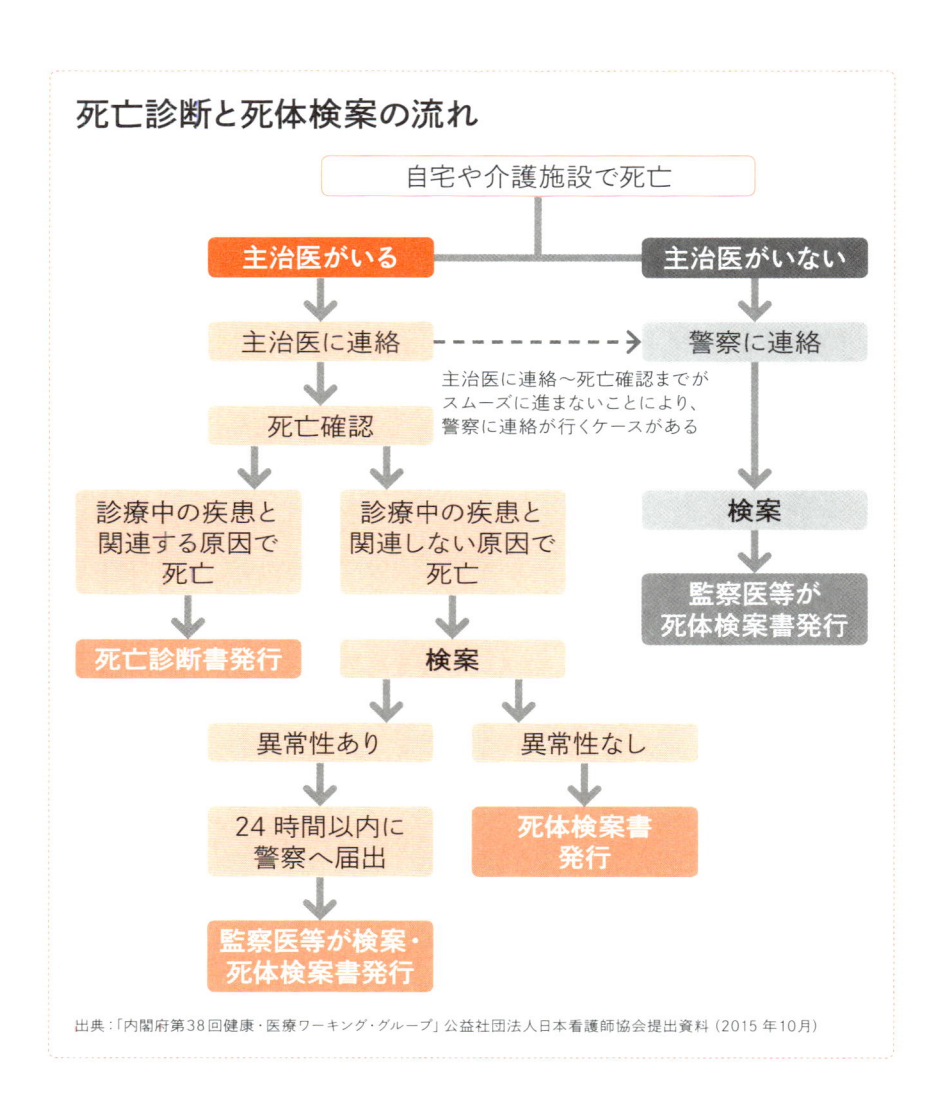

出典：「内閣府第38回健康・医療ワーキング・グループ」公益社団法人日本看護師協会提出資料（2015年10月）

時間以内に診察を受けていたなら、死亡診断書を書いてもらえます。

　かかりつけ医がいない場合やいても持病とは異なる死因が疑われる場合は、警察に連絡し「死体検案」がなされることに。医師が死因や死亡推定時刻などを確認するものです。

　家族がすぐそばにいないケースでは、同居介護よりも可能性は高くなるかもしれません。確かに、これまで複数の人から「警察が来た」と聞いています。たいてい、後悔交じりの声になられますが……。

　けれども、いつも通りの生活のなかで死が訪れたのだと考えれば、親本人にとって幸せなことだといえるのではないでしょうか。それに、同居介護をしていても24時間家族の目が届くわけではなく、「検案」となるケースはあります。

自滅する人 ▶▶▶

亡くなったときの「検案」は避けたい

自分の人生を大切にする人 ▶▶▶

普段通りのなかで亡くなるのは「幸せなこと」と考える

4 親の葬儀や 当面の支払い

▌▌ 親が互助会に入っていたなんて……

👩 Bさん（40代女性）既婚・埼玉 ● 両親（70代）新潟

B「夫の母が亡くなったとき、急だったものでバタバタしました。病院が提携している葬儀社の人が来て、その後は言われるまま状態でした」

太田「みなさん、そう言われます。病院に出入りしている葬儀業者が着々と進めてくれて助かる一方、損してるんじゃないかという疑問もあるようです。でも、考えるゆとりもないし……」

B「そうなんですよね。義母のときは、葬儀が終わってから、義母が葬儀の互助会に入っていたことが分かりました」

太田「遠くに暮らしていると、親子とはいえ知らないことが多いですね」

親の生前から準備を始めるケースも

病院で親が亡くなると、その後に通夜を行い、翌日に葬儀というのがおおまかな流れです。

高齢の親の場合、家族は別れが近づいていることを察知することが多いようです。

親の生前からその死の準備をするかしないか。正解はありません。し

かし、最近は「死後の手続き」という言葉が生まれているほどで、男性誌を中心に関心の高まっているテーマです。詳細は、専門の書籍にまかせますが、本書では直後のことについてのみ……。

病院で亡くなると、病院から葬儀社を紹介されることがあります。なかには、病室から霊安室への移動も葬儀社が行う病院も。家族は悲しみのなか、何がなんだか分からないまま、その流れに身を任せることとなるでしょう。もちろん、その流れに乗って、スムーズに通夜、葬儀と執り行うことができて助かる面もあります。

しかし、比較検討もしないまま任せて、「思っていた雰囲気と違う葬儀になった」とか、「思いのほか、費用が高かった」「ぼられたのでは」という声を聞くことも多いです。

こうしたトラブルを避けるために、「事前に葬儀社を決めておいた」という声を聞くことが増えています。決めてあれば、病院で提携の葬儀社を紹介されても「決まったところがあります」と言い、決めていたところに亡くなった連絡を入れればスムーズに進行していくはずです。

一方、親が付き合いなどから「互助会」に加入しているケースも少なからずあります。会員になり月々の掛け金を積み立てておくもので、葬儀時に積み立て分の葬儀サービスが受けられる仕組みです。しかし、親が加入していることを家族が知らないと、Ｂさんの義母のときのように、「後から分かった」ということにもなりかねません（互助会を利用しなかった場合は、通常、相続人が名義変更手続きを行って契約を引き継ぐ、もしくは解約することができます）。

親に葬儀のことの聞き方（例）

「友人の親が『互助会』に入っていたのに、友人は知らないまま葬儀をしたらしい。後から、親が入会し積立金を払っていたことが分かったと、残念がっていたよ。お母さん（お父さん）も、そういうのに入っていたりする?」と振って、葬儀についてどのように考えているか尋ねる。

料金のことはともかく、亡くなった親が「ぜひ、その互助会で」と考えていたとすれば、実現してあげたいものです。

　死期が迫ってからでは聞きにくい話題なので、親が元気なうちに葬儀についての考えを聞いておければ理想的です。せめて、心づもりがあるかどうかは確認しておきたいものです。「任せるよ」の一言をもらえば、それでもいいと思います。

どのような葬儀を望むのか

　昔と違って、葬儀の行い方もさまざまです。

　子は故郷を離れて長いために忘れているかもしれませんが、その地域特有の葬儀のやり方がある場合もあります。一方で、都会、地方に限らず、家族やごく親しい人だけを呼ぶ「家族葬」を望む人が増える傾向にあります。

　しかし、地域によっては、家族葬を希望しても、親戚などから「そんなわけにはいかない」と強く否定されることもあります。どう判断するか……。「もう、その地域で暮らすことはないので、自分たちの意思を強行した」という人がいる一方、「これまでお世話になったから、『しきたり』に従った」という人も。

　お墓についても、用意があるのかないのか……。

　親が死んで初めて、「離れて暮らす親がキリスト教の洗礼を受けていたことを知った」という人もいました。もし知らないようなら、宗派についても確認しておきたいものです。

当面必要なお金のこと

　お金のことも考えておきましょう。

　故人の口座は、銀行が死去を知った時点で凍結されますが、2019年7月より民法の改正で、遺産分割協議前でも亡くなった親の預貯金の一部を引き出せるようになりました。上限は金融機関ごとに150万円（計算式あり）です。払い戻すと、遺産の一部を分割して取得したと見なされます。

親が生命保険に入っていたか分からない場合

● 「保険証券」「契約内容のお知らせ」「生命保険料控除証明書」
　などの書類が見当たらない場合は、
　預金通帳などから保険料が引かれていないか確認

● 契約していたと思われる生命保険会社があれば、
　その会社の本社または支社に、必要書類を持参して、
　故人の氏名と生年月日で契約があるかどうか照会

必要書類（例）

❶ 「死亡診断書」など死亡したことが分かる書類

❷ 「戸籍謄本」など
　　死亡した人と契約照会をする人との関係が分かる書類

❸ 「運転免許証」など
　　契約照会をする人について、本人確認ができる書類

＊契約照会をする場合、基本的には個別の生命保険会社に1社ずつ問い合わせることになります
出典：公益財団法人生命保険文化センター　ホームページより作成

　さらに、「自分の葬式代くらいは」と生命保険に加入している親もいます。死亡診断書のコピーなどを提出すれば、通常、5営業日以内に振り込まれます。ただし、保険会社から通知が来るわけではなく、こちらから請求が必要です。誰が受取人になっているかについても、親に聞いておく必要があるでしょう。一般的に請求できる期限は3年以内です。上のような方法で、「保険会社を1社ずつ当たって探し当てた」という子もいましたが、かなりの労力と時間を要したようです。

自滅する人 ▶▶▶

親が自身の葬儀の準備をしているかどうか知らない

自分の人生を大切にする人 ▶▶▶

親が自身の葬儀についてどう考えているか知っている

mini column 6

「遠距離介護」の手法を、同居、近居、中距離にも

団塊世代は進学、就職を機に、地方圏から3大都市圏に多数が移動しました。そして、親が老いるなか、「遠距離介護」という手法を構築。しかし今後は彼ら自身が介護を受ける番です。2025年には東京・神奈川・埼玉・千葉・大阪・愛知などで75歳以上の人口が大幅に増えることとなります。「2025年問題」とも呼ばれ、人口全体のおよそ5人に1人が75歳以上、3人に1人が65歳以上に。

　国内の年間死亡者は150万人を超え、病院でのみ受け入れることは困難となります。入院してもすぐに退院を迫られる……。病院ではなく自宅や施設での看取りが増えていく一方で、家族は仕事や子育て、自身の老いなど「介護できない事情」を抱えます。

　「遠距離介護」の手法を、同居、近居、中距離にも活かすときです。

● 死亡数の将来推計

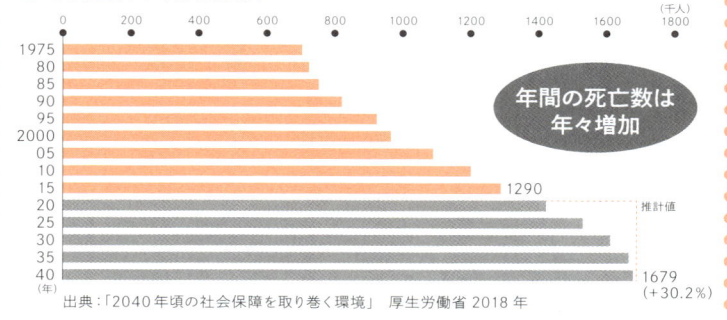

出典：「2040年頃の社会保障を取り巻く環境」 厚生労働省 2018年

あとがき

最後までお読みいただきありがとうございました。

これまで出会った遠距離介護を行う人々の生の声を多数再現しました。「はじめに」でも書いた通り、100人いれば100様の介護の形があるので、本書の全てが役立つとは思いません。しかし、部分的には参考にしていただけたのではないでしょうか。また、遠距離介護の始まりから終結までの全体像をイメージしていただけたかと思います。

遠距離介護の取材・活動を始めて25年以上が経ちますが、この間には、通いの日々を過ごす中、子自身が倒れてしまうケースをたくさん見てきました。精神的ストレス、経済的ストレス、肉体的ストレスのなか、それでもなお、「離れて暮らしていることへの罪悪感」が消えず、頑張り過ぎて身体を壊したり、ウツを患ったり……。介護離婚に代表される夫婦の破綻、きょうだいが不仲に陥るケース、介護離職など……。「自滅」の事例を挙げれば枚挙に暇がありません。

疲れ果てた子（子と言っても、中高年）の姿を見て、なぜ、そこまで頑張るの？　という思いに駆られることもあります。

そんなとき、「遠距離介護」という言葉を社会に広めてしまった私の責任かもしれない……、と思うことすらあります。

しかし、「遠距離介護」は罪滅ぼしではありません。そもそも、老親と離れて暮らすことは「罪」ではありません。

できるところまでにしませんか？

割り切りませんか？

あなたが笑顔でなければ、周囲を笑顔にすることなどできません。

もしかすると、できるところまでにすると「親不孝者」と責められることもあるかもしれませんが、生まれてきて、家族として過ごしてきただけでそこそこ親孝行をしてきたといえるのではないでしょうか。

今回、執筆の機会をくださった日本経済新聞出版社様、前作に引き続き企画を進めてくださった編集部の長澤香絵さんにお礼申し上げます。

2019年12月　　太田差惠子

太田差惠子 ● おおた・さえこ

介護・暮らしジャーナリスト
京都市生まれ。1993年頃より老親介護の現場を取材。
1996年、親世代と離れて暮らす子世代の情報交換の場として
「離れて暮らす親のケアを考える会パオッコ」を立ち上げ、2005年NPO法人化。
現理事長。AFP (日本FP協会認定) 資格も持つ。
主な著書に、『親の介護で自滅しない選択』(日本経済新聞出版社)
『遠距離介護』(岩波書店)
『親が倒れた! 親の入院・介護ですぐやること・考えること・お金のこと 第2版』
『高齢者施設 お金・選び方・入居の流れがわかる本 第2版』(ともに翔泳社)
『親の介護には親のお金を使おう!』(集英社) などがある。
2012年、立教大学大学院 21世紀社会デザイン研究科修士課程修了
(社会デザイン学修士)。
● 太田差惠子のワークライフバランス
　http://www.ota-saeko.com/
● NPO法人パオッコ〜離れて暮らす親のケアを考える会〜
　http://paokko.org/

デザイン ● 野田明果
イラスト ● 奈良惠　(asterisk-agency)
DTP ● マーリンクレイン

遠距離介護で自滅しない選択

2019年12月17日　1版1刷

著者　　太田差惠子　©Saeko Ota, 2019
発行者　金子豊
発行所　日本経済新聞出版社
　　　　http://www.nikkeibook.com/
　　　　東京都千代田区大手町1-3-7　〒100-8066
　　　　電話 03-3270-0251 (代)
印刷・製本　三松堂

ISBN 978-4-532-17684-6
Printed in Japan